幽山鬼談

戸神重明

竹書房
怪談
文庫

目次

第一部　群馬県の山

第二部　全国の山

※本書に登場する人物名は、様々な事情を考慮して一部の例外を除きすべて仮名にしてあります。また、作中に登場する体験者の記憶と体験当時の世相を鑑み、極力当時の様相を再現するよう心がけています。現代においては若干耳慣れない言葉・表記が登場する場合がありますが、これらは差別・侮蔑を意図する考えに基づくものではありません。

（注）本書では、〈おそれ〉という必殺技的表現を随所に仕込んであるので、よろしかったら、探して楽しんでいただきたい。

第一部
群馬県の山

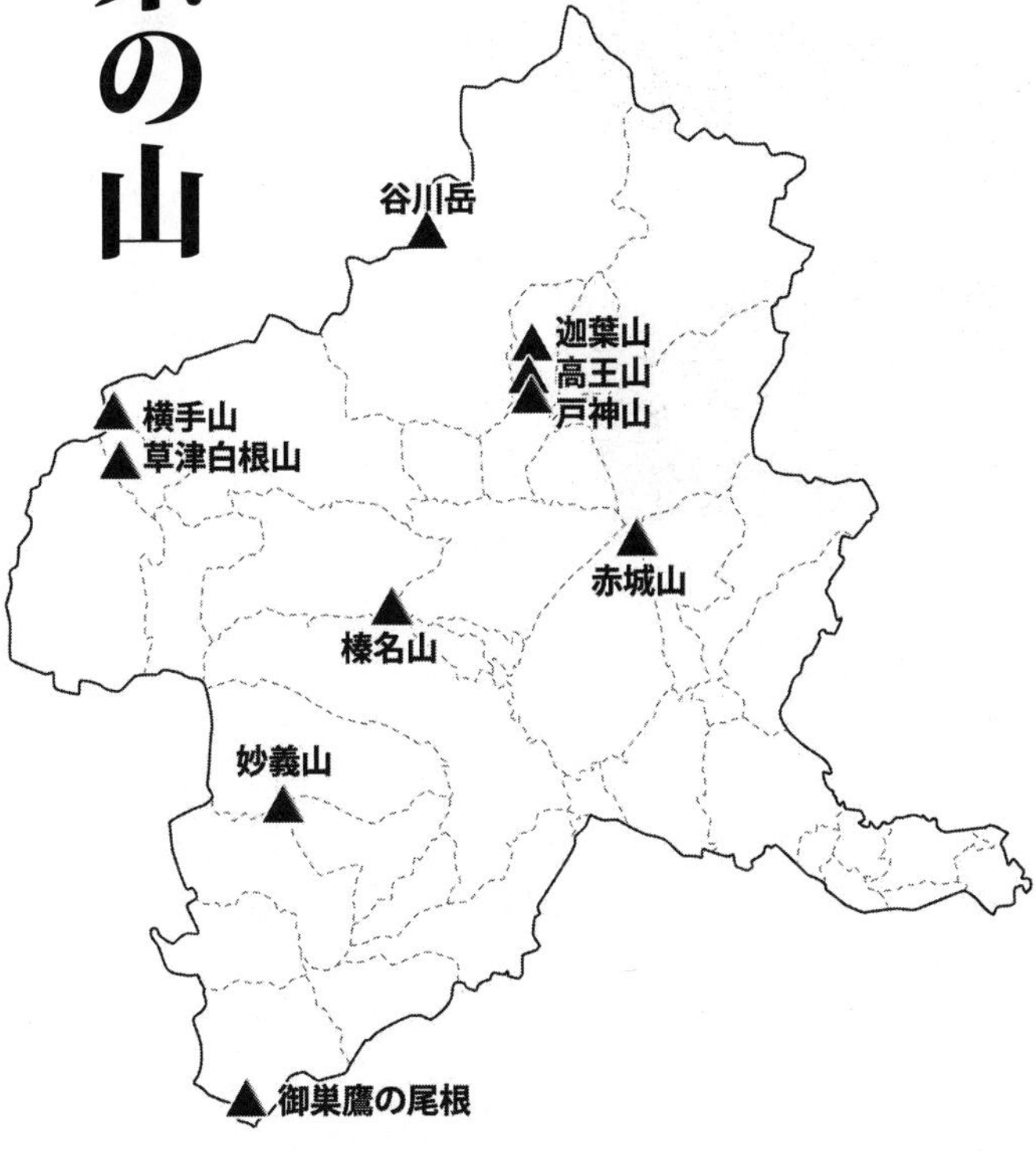
谷川岳
迦葉山
高王山
戸神山
横手山
草津白根山
赤城山
榛名山
妙義山
御巣鷹の尾根

森の音（榛名山）

群馬県の中央部には、利根川を挟んで二つの山が並んでいる。東が赤城山《あかぎやま》で、西が榛名山《はるなさん》である。

榛名山は、高崎市、渋川市、東吾妻町《ひがしあがつままち》、吉岡町、榛東村《しんとうむら》の五市町村に跨っていて、数多くの峰を持つ。最高峰は掃部ケ岳《かもんがたけ》で、標高一四四九メートル。各峰に呼び名があり、榛名山とはそれらを合わせた一つの山体の総称なので、正式には榛名山と呼ばれる山は存在しない。

渋川市在住の女性Dさんは、秋の晴れた平日に、両親と榛名山の峰の一つへ登山に出かけた。車を登山口近くの駐車場に入れたとき、ほかの車は駐《と》まっていなかった。

車から降りた三人は、熊除けの鈴をつけたリュックを背負い、登山口へ向かう。皆、過去に何度も来たことがある山なので、木々の紅葉を眺めつつ、気楽に談笑しながら登っていった。

すると――。

カァン！　カァン！

と、木に硬い物を打ちつけるような音が響いてきた。

「あれ、何の音かねえ？」

母親の声に、先頭を歩いていた父親が足を止める。家族三人、立ち止まって顔を見合わせた。父親が言う。

「登山道の整備でもやってるんかな？」

だが、登山口に工事を知らせる立て札はなかったし、車も駐まっていなかったのだ。

カァン！　カァン！　カァン！　カァン！　カァン！

ハンマーで木を叩いているような音が、ずっと響き続けている。空気が澄んでいるためか、やけに大きく反響していた。

「キツツキ、かな？」

Dさんが言うと、父親が首を横に振った。

「キツツキが木に穴を開ける音なら、コツコツ、だ。あんな音はしないよ」

「変な音だいね《だよね》」

母親が不安そうに眉根を寄せる。

カァン！　カァン！　カァン！　カァン！　カァン！　カァン！　カァン！

物音は大音響となっていた。それも近くから聞こえてくる。

「何だか、急に気持ち悪くなってきた……。ちょっと、休ませて……」

母親がリュックを地面に下ろして、近くに生えているミズナラの木に凭れ掛かった。

「よし。そこで休んでろ。俺はちっとんべえ《ちょっとだけ》、様子を見てくらあ。すぐに戻るからな」

「じゃあ、あたしも行《い》かあ《くよ》」

Dさんは父親と一緒に登山道を登っていった。物音の原因を突き止めてやりたい気がしていた。しかし、物音がするほうへ近づくにつれ、Dさんも何やら不安な気分になっていったという。空気が澄んでいるはずなのに、山の中ならではの爽快さが感じられない。それでも、前進するうちに、

「この辺かな……」

父親が立ち止まって、こちらを振り返った。

Dさんも足を止めて四方を見回したが、工事をしている作業員の姿はない。

物音は、樹上から聞こえてきていた。

「上から聞こえてくるね」

「そうだいな。木の陰に、何かいるのかもしれねえぞ」

Dさんと父親が木々の陰まで凝視しながら、また歩き始めると……。

突然、物音が途絶えた。

Dさんは、物音がしていたと思われるイタヤカエデの樹上に目を向けた。そのとき、何かが木の梢にいて、ほかの木へ飛び移ってゆくのが見えた。大きなものである。

（猿……？　それとも、ムササビ……？）

いや、ニホンザルやムササビよりも明らかに大きなものだ。

赤い着物を着た、人間の女であった――。

「お、お父さん！　あれ……」

Dさんは、樹上を指差して父親に知らせたが、

「何だ？　何かいるんきゃあ？」《いるのかい》

父親はそちらに視線を向けたものの、首を傾《かし》げている。女の姿が見えていないらしい。

女は長い黒髪を振り乱しながら、木々の間を自在に飛び跳ねている。そのうちに登山道から外れた森の奥へと姿を消していった。

（何だったんだろう、あれは？）

そこでDさんは、母親と同様、俄《にわか》に気分が悪くなってきた。胸焼けがする。

「あたしもここ、駄目みたい……。お父さん、今日はもう、帰ってもいい？」

三人は諦めて引き返すことにした。下山する途中、Dさんは何度か眩暈《めまい》を覚えて倒れそ

うになったが、車に戻ると、胸焼けも眩暈もすっかり治まったという。

後日、地元の登山仲間に確認してみると、やはり同じ頃に件《くだん》の峰で登山道の整備工事は行われていなかった。

その後、Dさんは家族や友人と、同じ峰に何度も登っている。だが、これといって変わった現象は起きていないそうだ。


私、戸神はDさんから話を聞くうちに、群馬県前橋市出身の詩人、萩原朔太郎《はぎわらさくたろう》の詩集『月に吠える』に収録された「笛」を思い出した。この作品には〈人妻が、松の木の上で琴を弾く〉という、妖艶《ようえん》で幻想的な光景が描かれている。ただし、朔太郎の詩は創作であり、Dさんが目撃した女と、直接の関連はないものと思われる。

カッター訓練（榛名山）

これは同郷の誼《よしみ》で大変お世話になっている前橋市出身の作家、橋本純先生から伺った話だ。体験者のY君は、橋本先生の旧友の弟である。

昭和五十年代半ば（一九八〇年頃）のこと。Y君は前橋市街地で生まれ育ち、当時は中学二年生であった。

群馬県では長年にわたって、数多くの中学校が初夏から秋にかけて榛名湖畔にある〈高原学校〉で合宿を行ってきた。Y君は、それをとても楽しみにしていた。四つ年上の兄から、「楽しかったで」と聞かされていたからだ。

また、小学六年生のときに新潟県で行われた臨海学校には参加したが、山地での合宿は初めてだし、キャンプファイヤーやカッター（大型の手漕ぎボート）の訓練も経験したことがないので、やってみたくて堪《たま》らなかったのだという。

「カッターのオールは、なから重《かなり》いんだ。漕ぐんは容易《ヨイ》じゃねえぞ」

虚弱体質で体力のない兄はそう話していたが、Y君は鼻で笑っていた。彼は体格に恵まれていて、腕っ節が強く、柔道部の主力選手として活躍していたのである。

現在、高崎市と東吾妻町に属する榛名湖は、榛名山の噴火によってできた、標高一〇八四メートル付近に存在するカルデラ湖で、周囲四・八キロメートル、最深部が十四メートル前後とされている。高原学校の宿舎には、県内外の小中学校が順番に泊まるので、Y君が通う中学校の番が来たのは九月後半となり、湖畔には涼しい風が吹いていた。

初日は富士山（榛名富士）への登山を行うことになっていた。カッターの訓練は二日目の全日と三日目の午前に、キャンプファイアーは二日目の夜に予定されている。

同学年の生徒全員が湖畔の宿舎を出て、富士山の登山口まで歩き、登山を開始すると、上空には灰色の雲が集まってきた。一時間ほどで標高一三九一メートルの山頂に到達して、榛名湖を見下ろしたが、どんよりと曇っていて、景色はさほど美しく見えなかった。下山中には小雨が降ってきたという。それでも、登山は無事に終了した。

(明日、雨が降らなきゃいいけどな)

幸い、雨は夜の間にやんだ。翌朝、晴れた空を見て、Y君は胸を撫で下ろした。

カッターの訓練は、一艇に一クラスの生徒四十名ほどが乗り込み、担任教師が舵を取る。生徒は男女でペアを組み、一本のオールを操るのだ。強い力を必要としない外側に女子が座って、男子は内側でオールのハンドルを握り、大きく漕いでカッターを進める。皆で一斉に「そうれ！」「一！　二！」とかけ声を発し、それに合わせて漕いでゆく。

ところが、いざ漕ぎ始めると、男子生徒たちから、かけ声とは別の声が漏れ始めた。

「重てえぞ、これ」

「速く進むの、無理じゃねんか」

「ああ、あ……。隣のクラスに抜かれたで」

それらの弱音に、Y君が叫び返した。

「だらしねえぞ！　抜き返してやる！　もっと速く漕ぎゃあいんだ！」

Y君は、猛烈な勢いでオールを回転させ始めた。ペアを組んでいたFさんが目を丸くしながら、何とかついてゆこうとしている。

艇尾《とも》に立って舵を取っていた担任の男性教師が叫んだ。

「こら、Y！　おまえだけが速く漕いだら危ない！　かけ声に合わせて、みんなと一緒に漕ぎなさい！」

Y君は小さく舌打ちした。しかし、教師の言う通りで、オールを漕ぐ動作が乱れれば、前後にいる級友たちのオールと衝突することがあって、危険なのである。

Y君は憮然《ぶぜん》として、オールを漕ぐ速度を落とした。それからしばらくは、皆と調子を合わせて漕いでいたのだが、カッターが湖の中央付近まで来たときのこと――。

今度はY君が忽然と、オールを漕ぐ手を止めた。彼とFさんのペアが操るオールだけが水中に沈んだまま、動かなくなる。Fさんが眉を曇らせて、声をかけた。

「どうしたん？」

「おうい！　危ないよ！」

すぐ後ろの男子生徒も叫ぶ。

Y君はオールのハンドルを握ったまま、歯を食い縛り、鼻息荒く、顔面を紅潮させていた。見るからに力一杯、それを動かそうとしている。だが、オールは微動だにしない。

教師も異変に気づいた。

「Y、どうした？」

「な、何かが絡みついてる、みたいで……さっきっから全然、動かないんです！」

「何……？　ストップ！　ストップだ！　みんな、漕ぐのをやめろ！」

教師の指示で、級友たちも手を止めた。皆の視線がY君へ集中する。

Fさんや周りにいた生徒たちが、湖面に視線を向けた。オールは水中にあるブレード(水を掻く部分)まで見通すことができたが、何も絡んではいなかった。

「おいおい、何もねえぞ。おめえ、疲れて嫌んなって、嘘吐《つ》いてるんだんべ《だろう》」

男子生徒の一人が、心ないことを言う。しかし、すぐに女子生徒の一人が反論した。

「Y君の顔を見ないね！　真っ赤になってるわ！　本気で力んでたのよ！　動かないの、本当なんじゃないん！」

「だけど、Yたちのオールだけ動かないなんて、変じゃねえきゃあ？」

このとき、Y君も漕ごうとするのをやめていたが、やはり気になって、Fさんの身体を避《よ》けつつ、水中を覗き込んだ。そして――。

「どわあっ！　女だっ！　水ん中に女がいるっ！」

Y君は絶叫した。彼の目には、髪が長くて、真っ青な顔をした、二十歳前後と思われる女の姿が映っていた。骨と皮ばかりのように痩せ細っていて、全裸だったという。

Fさんが「えっ？」と目を見開いて、湖面を覗き込む。けれども、水中にはオール以外に何も見えない。水草さえ見当たらなかったそうだ。

「誰もいないよ！」

「いるよっ！　女がオールを掴んでるっ！　髪の毛も巻きついてるっ！」

Y君は再び絶叫した。

女が眼光鋭く、水中からこちらを見上げていて、視線が合ってしまったのだ。

「何で？　何で、あれが見《め》えねんだいっ？」

Y君の顔から、見る間に血の気が引いてゆく。ついにはオールから手を離し、その場にへたり込んでしまった。

　ほかの生徒たちも騒ぎ出して、カッターの中は大混乱となったが、教師が大声で「静かにしなさい！」と一喝すると、騒ぎは何とか収まった。教師と生徒たちは、再び水中に向かって目を凝らしたものの、誰にも女の姿は見えなかった。とはいえ、

「F、ちょっと、オールを動かしてみなさい。前と後ろに、少しでもいいから」

と、教師に命じられて、Fさんが一人でオールを動かしてみようとしても、まったく動かなかったという。

　しかもY君は、身体の震える音が聞こえてきそうなほど、怯え切っている。目も虚ろで放心状態のようであった。

　教師は「これは、ただごとじゃないな……。岸へ戻ろう」と指示して、生徒たちにカッター艇庫までオールを漕がせた。Y君とFさんのオールだけは動かないままだったが、岸辺が近づくと、急に動かせるようになったそうである。

　もっとも、Y君は真っ青な顔をして座り込んでおり、自力では下船することも叶わない状態であった。担任教師はほかの教師たちと話し合い、カッター訓練を中止にした。さらに地元の警察にも通報している。

「もしかしたら、女性が自殺を図ったか、事故で湖に転落した可能性があります」

実際に榛名湖では、過去に入水自殺や事故死を遂げた女性がいる。残忍な山の神(女神)がいて、死にたい女性が近づくと、長い黒髪を巻きつけて湖底へ引き込む、ともいわれている。警察からの要請で、湖畔の貸しボード店で働いていたMさんという男性が、モーターボートを操船して榛名湖一帯を隈なく捜索したが、水死体は発見されなかった。

その日のうちにY君は、家族が呼ばれて車で前橋市へ帰されることになった。何日かして、体調は回復したものの、あれほど楽しみにしていたカッター訓練は少ししか体験できず、キャンプファイヤーは不参加となり、恐怖と苦い思い出だけが残ることとなった。


さて、橋本純先生によると、実は、モーターボートで捜索を行ったMさんから、先にこの話を聞いたのだという。Mさんはのちに転職して、橋本先生の実家が経営していた左官業の会社で職人として働いていた時期があったのだ。

「ガキの嘘通報で、ボートの燃料を無駄にしたことがありましてね」

と、彼は苦笑いをしていた。

Mさんが Y君と直接、会ったことはない。だが、後年、橋本先生は友人だったY君の兄から偶然、同じ話を聞いたので、信憑性《しんぴょうせい》がある、と思うようになったそうである。

伊《い》香《か》保《ほ》スケートリンクでは何も起こらない（榛名山）

私の既刊『群馬百物語　怪談かるた』（竹書房怪談文庫）には、「六、伊香保の　夜の葛折《つづらお》り」という作品を収録している。題名の通り、榛名山の東面中腹に当たる渋川市伊香保町を舞台にした掌編だ。この地域は、遠いいにしえから良質の温泉が湧き出ていて、山の斜面に造られた石階段を中心に、風情に富んだ温泉街が広がっている。

その近くの山の上には、上ノ山公園と広大なスケートリンクがある。過去に私が書いた作品は、そこでスピードスケート競技のテストを受けた男子中学生が、葛折りになった山道を下って帰る途中、怪異と遭遇した話であった。この一本道はスケートリンクから、昼でも薄暗い森の中を通って、伊香保神社まで続いている。

「あたしもその道をよく通っていました。小学生の頃、スケートの授業があったんです」

そう語るのは、「森の音」にも登場した、渋川市在住の女性Dさんだ。

彼女が通っていた小学校では、毎年冬になると、一年生から六年生までの全児童がスケート教室に参加することになっていた。教室は一時間目から四時間目まで行われる。

スケート靴はリンクでも貸してくれるのだが、ほとんどの児童が一足三万円ほどの靴を両親に買ってもらっていた。Dさんをはじめ、スピードスケート用の靴を使う児童が多い中、フィギュアスケート用やアイスホッケー用の靴を転用する児童もいた。

スピードスケート用の靴は、取り分け刃が鋭利で長く、速度が出るので、ほかの児童と衝突すると、互いに鼻血を出したり、転んだ拍子に頭や背中を強打したりしてしまう。足の骨を折って、救急車で病院へ搬送された男子児童もいた。

「あたしも転んだときにほかの子から、スケート靴で手の指を轢《ひ》かれたことがあるんです。手が血まみれになりましたよ。……転んじゃったら、足を上げて、避《よ》けてぇ！　と大声を出すのが決まりでした。壁に突っ込むまで自力では止まれないので、ほかの子たちを巻き込まないようにするためです。でも、そのときは声を出す間もなかったんですよね」

リンクにはよく血溜まりができていた。他人の血など踏みたくないので、「そこ、血があるよ！」と教え合いながら滑るのだが、それを避けようとして転ぶ児童もいた。

「今思うと、なから《かなり》ハードでした。学校内で大会もあったし……。私は短距離に出場していました。長距離やバトンリレーの種目もありましたよ。大会の日は、子供の親たちが応援に来ていました。寒い、寒い、って震えながら観ていましたね」

何時間も氷上にいると、寒さで足が凍傷になる。足首から先が痛くて堪らない。スケート靴を脱げば楽になるが、また履くのが嫌になるので、脱がずに我慢するしかなかった。

「すっごい痛いんですよ！　それがずっと続くんです。あと、靴の手入れも必要で、刃がすぐに錆《さ》びてきちゃうので、リンクで磨いてもらっていました。今もスケート靴はうちの倉庫で眠っています。……子供の頃の苦い思い出ですね。学校から強制的にやらされていたから、辛いことばかりで楽しくなかったし、好きにはなれなかったなぁ」


群馬県内でも学校教育にスケートを取り入れている地域は、ごく一部に限られている。関東地方全域でも珍しいのではないだろうか。これは伊香保町の文化といって良い。それだけに、私はこのテーマで何としても作品を書いてみたかったのだが……。

「そこでは何か、怪奇な体験はなかったのですか？」

「そうですねえ……」

スケートリンクには、ロープウェイでも行くことができる。発着場の不如帰《ほととぎす》駅近くに住む児童は、直接スケートリンクに集合し、少し離れた場所に住む児童は小学校に集合して、教師たちと歩いて不如帰駅まで行くことになっていた。

Dさんは〈現地集合組〉であった。ロープウェイで行くか、伊香保神社から葛折りの道を登るかは、いつも学友たちとジャンケンをして、誰が勝つかで決めていたという。

榛名山は雪があまり降らない。そこで葛折りの道を選んだときは、凍結に気をつけながら、学友たちと走って登った。現在は地面に横木が埋め込まれ、金属製の手摺りも設置されているが、当時は地面が土と石ころだらけで、急斜面には縄が張られており、それに掴まりながら登ることもあった。道幅は、人間一人が通れる程度である。

この道の途中に屡々《しばしば》、白い着物を着た中年の女性が立っていた。痩せていて、頭に五徳（鉄輪）らしきものを被り、長い髪を垂らしている。手には木槌を持っていた。一見、丑《うし》の刻《こく》参りを思わせる装束だが、丑の刻どころか、朝日は完全に昇っていたし、姿を見られても平気らしい。その女性は無表情な顔をして佇《たたず》んでいるだけで、学友たちが「おはようございます」「すみません、通ります」などと声をかけても反応がなかった。

「それでも、あたし以外の子たちも普通に見ていたので、生身の人間だったんでしょう」

片やロープウェイに乗るときは、常に満員であった。乗車して山を登ってゆくと、太平洋戦争中に掘られた防空壕の跡があって、当時は窓から見下ろせたのだが、のちに土砂や落ち葉に埋まった上、木々の枝葉に遮《さえぎ》られて見えなくなってしまった。

「だけど、そこも〈出る〉って話は聞いたことがないし、見たこともなかったですね」

残念ながら、これでは怪談本に収録できない。私が執筆を諦めかけたときであった。

「そうそう！　つい先日のことなんですが、不思議なことがあったんですよ。それで、実は今も頭が混乱しているんです。信じてもらえないかもしれませんが……」

Dさんが目を輝かせて、意外なことを語り出した。


その夜遅く、Dさんは渋川市内にある自宅で、テレビの前に座り、動画を見ながらスナック菓子を食べていた。すると、出し抜けに目の前の景色が変わったのだという。

自室に一人でいたはずなのに、およそ二十五キロ南南東に位置する、高崎市の国道十七号線で車に乗っていた。昼間の景色で、右手には観音山丘陵と、その頂上には高さ四十一メートルの白衣観音像が見える。車のエンジン音が聞こえていた。Dさんは後部座席に座っていて、誰が運転しているのかはわからなかった。

「言っておきますが、眠ってはいませんでした。お酒も飲んでいなかったんです」

ほかの車は走っている。だが、Dさんが乗る車だけは路上に停止している。景色が変わらないので、そうだとわかる。後続車がクラクションを鳴らしながら追い越していった。

Dさんは、首から下が動かないことに気づく。首だけは左右に曲げることができたので、反対車線に目をやると、同じく白い車が一台停まっていた。

昔よく見られた高級セダンである。運転席には誰も乗っていなくて、後部座席に座った人間の姿のみが認められた。埃《ほこり》まみれの汚らしい黒いフードを頭に被っている。最初は俯《うつむ》いていたが、徐々に顔を上げてきて、ゆっくりとこちらを向いた。

その顔は金色に輝いていた。仮面をつけているらしい。長い顔の仮面で、頬がこけている。目は細く、吊り上がっていた。性別はわからない。やがてウインドウガラスまで近づいてきて、フードを取った。下にもう一枚、金色のぴっちりとしたフードを被っている。

Dさんは、金色の仮面とフードに見覚えがあった。かなり以前に見た気がするのだが、何者なのか、どうしても思い出せない。

今度は相手が手を動かして、何かをウインドウガラス越しに見せてきた。それを目にした途端、Dさんは慄然とした。相手は大きな鎌を握りしめていたのだ。

刃といい、柄といい、すべてが漆黒の鎌であった。

そこでまた景色が変わった。一瞬にして、自室の景色に戻ったのである。テレビの画面を見ていたときと同じ体勢で、スナック菓子の袋も手に持ったままであった。動画は既に終わっていた。八分間ほど、異なる時間帯の高崎市に移動していたらしい。

「一体何だったんでしょう？　こんなこと、初めてなので、びっくり仰天でした！　絶対に夢じゃないです！　断言しますが、眠ってはいませんでした！」

Dさんは少しして、金色の仮面とフードを被った相手が何者だったのか、やっと気づいた。彼女は小学生のときに校内大会のスピードスケート短距離競技で入賞し、表彰状と記念品のトロフィーをもらったのだが、トロフィーの上部にはスケートをする人物像が取り付けられていた。その風貌が何とも不気味で、〈怖いトロフィー〉と呼び、倉庫に仕舞い込んであったのである。Dさんが先程見たモノは、まさにその人物像だったという。

実物の写真

シャンシャン

二〇一〇年代のことである。前橋市在住の男性Sさんは、群馬県内のある山（体験者の希望により、場所は非公開）へ一人でキャンプに出かけた。標高一〇〇〇メートルを超える山奥に造られたキャンプ場で、無料でテントを張って宿泊できるのだが、男女別のトイレがあるだけで、ほかの設備は何もないし、管理人もいない。

十月の寒い日だった上、サービス業という職業柄、平日に行ったためか、ほかの宿泊者はいなかった。しかし、単独行動を好むSさんにとっては、願ってもないことであった。日が暮れると、かなり冷え込んできたので、テントの前で火を盛大に焚いておき、消火してから厚手の寝袋に入って寝ていたものの、真夜中に尿意を催して目が覚めた。

トイレまでは三十メートルほど歩かなければならない。寒い上に眠いので、そこまで歩きたくはなかった。持参したヘッドランプを額に装着し、テントから出て四方を照らすと、七、八メートル離れた場所にブナの木が生えている。

（あそこでやるべえ。誰もいねえから、いいだんべえ《だろう》）

Sさんはブナの木に近づいていった。木の根元に向かって放尿していると――。

シャン……。シャン……。

と、鈴を鳴らすような音が、ブナの木の裏側から聞こえてきた。

（うっ！　誰かいるのか？）

Sさんは肝を潰した。今夜、ここには自分しかいないものと思っていたからだ。

シャン、シャン、シャン……。

Sさんは音がするほうにヘッドランプを向けて、相手の正体を見極めようとした。けれども、深く濃い夜陰がどこまでも広がっているばかりである。

（人間、なのか？　そうだとしたら……）

嫌な予感がする。こんな真夜中の山奥に潜《ひそ》む者なら、犯罪者かもしれない。Sさんはすぐにこの場から逃げ出したかったが、放尿の途中で動くに動けなかった。そのうちに、

シャン、シャン、シャン、シャン、シャン、シャン……。

鈴と思われる音色が動き出し、Sさんの周りをゆっくりと回り始めた。慌てて放尿を終えたSさんは、音色がするほうにヘッドランプの光を向けた。目を凝らしたが、依然として夜の闇が広がっているばかりで、人や獣の姿は見えない。

（じゃあ、幽霊か、山の化け物か？）

Sさんは戦《おのの》いた。強盗や殺人鬼に対するものとは、異なる恐怖を感じたのである。

シャン、シャン、シャン！　シャン、シャン、シャン！
シャン、シャン、シャン！　シャン、シャン、シャン！

音色は大きくなりながら、Sさんの周りをすばやく回り始めた。やはり姿は見えない。Sさんはどうすることもできず、立ち竦《すく》んでしまう。もはや生きた心地もしなかった。

音色の周回は三分間ほど繰り返された。その速度は増してゆくばかりで、Sさんは、このままだと発狂するのではないか、と思い始めた。しかし、

シャアンッ！

それは、ひと際大きな音を最後に響かせると、唐突にやんでしまった。

「何だよ……？　何だったんだ、今のは？」

Sさんは思わず声を発していた。黙っていたら、黄泉の国のような暗闇から、得体の知れない何かが襲いかかってきそうな気がしたからである。

Sさんは、恐る恐るブナの木から離れ、テントに戻った。

ところが、テントのぐるりを一目見て、驚愕したという。

寝袋は完全に裏返しにされており、リュックの中身はすべて引き出されて、テントの外にぶちまけられていた。飯盒《はんごう》や未使用の薪も散乱している。

（ひでえ！　誰が、こんなことを……？）

Sさんは身の危険を感じた。貴重品を入れたバッグは無事だったので、キーを取り出して愛車へ駆け込む。ドアをロックしてから、エンジンを掛けてヘッドライトを点灯させる。十分ほど様子を見ていたが、何も現れなかった。そこでテントを畳んで、荷物を車に積み込み、未明のうちに急いでキャンプ場から離れたそうである。

このときは無我夢中で、自宅まで一散に逃げ帰った。

だが、時間が経って心が落ち着くと、何者の仕業だったのか、無性に気になってきた。

(あれは、人間がやったのか？　それとも、熊の仕業だったのかな？)

キャンプ場には、夜間にほかの人間が訪れた形跡はなかった。車がなければ訪れることが極めて難しい場所なので、他人が来れば必ずわかる。それに、金銭などの貴重品は何も盗まれていなかった。熊などの野獣の仕業にしては、テントや寝袋、リュックなどから動物の爪痕や体毛は見つからず、食料も無事であった。

犯人が人間ならば金品目当て、野獣ならば食料目当ての可能性が高いが、どちらでもなかったし、不思議だったのは、テントの中があれほど荒らされていたというのに、物音を聞いた記憶がないのだという。

結局、何者の仕業だったのか、未だに謎は解けていない。

サバイバルゲーム・イン・赤城山

（赤城山）

拙著の既刊に度々登場している四十代の男性Nさんは、サバイバルゲームを趣味の一つにしている。二〇一〇年代の後半、初冬に赤城山で大勢の仲間が集まるゲームイベントが行われ、Nさんも参加した。

既刊でも書いているが、〈あかぎやま〉とも〈あかぎさん〉とも呼ばれるこの山には、実際のところ、〈赤城山〉という名の山は存在しない。黒檜山《くろびさん》、地蔵岳、長七郎山《ちょうしちろうさん》、鍋割山《なべわりやま》、鈴ヶ岳など、各峰に呼称がある。それらの峰を併せた山地の総称が赤城山なのだ。また、最高峰は黒檜山で、標高一八二八メートル。〈群馬県の文化〉とされる『上毛かるた』にも「裾野は長し赤城山」と詠《うた》われているように、裾野の長さは富士山に次ぐ、日本第二位である。

赤城山の範囲は広大で、前橋市、渋川市、沼田市、昭和村、桐生市、みどり市の六市村に跨っている。ゲームイベントの会場は山奥に存在する広い土地なのだが、Nさんによれば、私有地であるため、詳しい場所は秘密にしてほしい、とのことだ。

そこにはシャワーが設置されており、キャンプもできるようになっている。Nさんたちは二泊三日の予定で、昼間も夜もサバイバルゲームを楽しむことにしていた。

このフィールドは、オフロード車で走り回れるほどの広さがある。起伏が激しく、高台や谷があって、急な斜面には木々が生い茂っている。その下には川が流れており、底なし沼まであるという。

参加者五十名以上でバーベキューをやって昼食を楽しんだあと、二つのグループに分かれてゲームを開始した。

Nさんは、仲間と二名で敵軍の後方へ回り込む作戦を立てた。

木立に覆われた高台に二名で登る。登り切ると、敵軍の陣地を見渡すことができた。そこから敵に見つからないように、川へ向かって斜面を下ってゆく。

だが、途中で前方から、落ち葉や枯れた下草を踏む足音が聞こえてきた。仲間は五メートルほど横を歩いている。

(敵軍か!)

Nさんは地面に伏せて身を隠した。仲間も足音を聞いたらしく、身を伏せる。

迎え撃ってやろう、とNさんは銃を構えた。しかし、敵兵はなかなか姿を現さない。

(まだ来《き》ねぇんか。ばかに遅《おせ》えな……)

業を煮やしたNさんは、仲間に目で合図を送ると、地面を這いながら足音がするほうへ近づいていった。木立の中から開けた場所に出たが、誰もいない。

（変だな……）

近くに隠れることができる場所はない。今は左手に仲間がいるだけだ。

足音は近づいてくる。けれども、敵兵は現れない。足音が大きくなる。こちらに近づいてきている。右手のほうから聞こえてくるので、Nさんと仲間は、同時にそちらへ銃を向けたが、人の姿は見えなかった。足音だけが前方を通過していった。

Nさんと仲間は顔を見合わせて、同時に首を傾げた。

とはいえ、真昼間で明るかったことから、気にしないようにしてゲームを続けたという。日が暮れる前に一旦、ゲームを終えてテントを張った。夕食もバーベキューをやって、大いに盛り上がった。その後、希望者によるナイターが開始される。

夜間は銃にライトを装着する。フィールドの範囲も狭くして行うことになった。Nさんは谷のほうから、今度は単独で攻めていった。

途中からライトを消して、月や星の明かりを頼りに目を凝らす。こうすれば暗くて敵には発見され難《にく》い。Nさんは大胆に前進した。小さな沢へ向かう。そこは冬でも水が凍ることなく、流れている。高さ二メートル余りの斜面を下りて、沢に到達すると……。

（おや、いるな！）

人影が月明かりの中に浮かび上がっている。Nさんは銃を向けた。

だが、相手の服装がおかしいことに気づいた。スーツ姿の男で、身長は一七五センチくらいか。痩せ型で、鞄を手に持っているが、銃は持っていないらしい。サバイバルゲームには、まるでふさわしくない出で立ちであった。

（ゲーマーじゃねえな。何だって、こんな時間の、こんな場所に……？）

二十二時過ぎの、人里から遠く離れた山奥である。部外者が迷い込むとは思えない。

男はNさんに向かって、何かぼそぼそとささやき始めた。しかし、何を言っているのか、少しも聞き取れなかった。

（あっ！　これは、関わっちゃいけない奴だな！）

過去にも怪奇な体験を数多くしてきたNさんは、咄嗟にそう閃くと、静かに男から離れた。沢の斜面を登ってから振り返れば、男はいなくなっていたという。

剛毅なNさんはそのままゲームを続けたが、終了後、仲間たちに男のことを話すと、

「おまえ、酒を飲み過ぎたんじゃねん《じゃないか》」

と、皆から笑われた。

翌朝、Nさんはシャワーを浴びてからゲームを開始した。このときは仲間と三名で敵軍

の陣地へ向かった。そのうちの一名は、最年長でチームリーダーのOさんであった。

「ここを越えたら敵の陣地だ。用心して行ぐぞ」

Oさんが小声で告げる。

三名は小高い斜面を登っていった。登り切ると、慎重に斜面の上に顔を出す。

すると、近くに昨夜、遭遇した男が立っていた。鼠色のスーツを着て、鞄を持っている。

こちらを向いていたので、夜間と違って、その顔がはっきりと見えた。

「ん？　何だよ、あれ？」

「あっ。昨夜《ゆうべ》、俺が会った人ですよ。あの人、おかしくねえですか？」

男は髪が長めで、年の頃は三十代の後半くらいか。土気色の顔をしており、虚ろな目をして、ぼんやりと突っ立っていた。部外者が入り込んでは、怪我をさせてしまう危険があり、ゲームにならない。

「中止コールをかけよう」

Oさんが笛を吹いて、ゲームの中止を知らせた。

Oさんは、Nさんが語った話を半信半疑で聞いていたらしい。自ら確かめようと、男に近づき、「すみませんが」と声をかけた。男は黙っている。

「すみません！　ここは、部外者の立ち入りは禁止……」

Oさんがそこまで言ったとき、男がOさんに視線を向けた。双眸《そうぼう》が白濁している。まるきり死人の目であった。

Oさんが絶句すると、男は三名の前から、忽然《こつぜん》と姿を消した。

両軍のゲーマーたちが集まってくる。

「寝惚《ねぼ》けてたんじゃねんかい？」

誰かが冷やかすと、Oさんが顔面蒼白になって声を荒らげた。

「朝からあんなもん見たら、話にならねえ！　あらあ《あれは》話しかけちゃいけねえ奴だった！」

NさんもOさんもすっかり嫌になって、ゲームをやめてしまった。彼らはこの土地の管理人とは懇意にしているので、あとでスーツ姿の男のことを話してみたところ、

「ああ、見たんかい。たまに出るんだいね」

と、管理人は苦笑した。

この辺りは自殺者が多く、首吊りや車での練炭自殺も起きている。ならず者に利用された男性が〈消された〉殺人事件も起きており、被害者の焼かれた遺体が近くに遺棄されていたという。その中の誰かではないか、とのことであった。

おまけに、それだけでは済まなかった。

ゲームイベントが終わってから、一週間後の深夜。

Nさんが高崎市内の自宅で眠っていたところ、頭に何かが当たって、目が覚めた。

枕元を見ると、趣味で集めている怪獣のフィギュアが一体、転がっている。ベッドの頭側に金属製のラックがあり、そこに置いてあったものだ。これは落下しないようにS字型の金具を金網に引っ掛けて固定してあったので、東日本大震災が起きたときも落ちなかった。それが地震でもないのに落下していたことから、Nさんは不審に思った。

翌日の昼頃になって――。

サバイバルゲームの仲間から、スマートフォンに電話がかかってきた。

「Oさんが亡くなったよ！」

「ええっ？」

Oさんは前夜、日課であるウオーキングに出かけたのだが、帰宅後に突然倒れて、搬送された病院で未明に亡くなったのだという。死因は心筋梗塞らしく、享年五十一であった。

Nさんは、赤城山でOさんが「あらあ話しかけちゃいけねえ奴だった！」と発言していたことを思い出した。

（まさか、Oさん、あの男に話しかけたので、とり憑かれちゃったのか……？）

Nさんは仲間たちと一緒に、Oさんの告別式に参列した。

葬儀場に入ったとき、一人だけ鼠色のスーツを着た中年の男がいることに、Nさんは気づいた。弔問客の男性は皆、黒いスーツを着ている。葬儀社の社員は紺のスーツを着て、胸に名札をつけている。

その男は、名札をつけていなかった。焼香をするわけでもなく、会場の隅のほうに突っ立っていたそうだ。

告別式の間、Nさんは終始、気になっていた。

(今度は、俺たちがとり憑かれる番かもしれない)

焼香が終わると、遺族の無事を願いながらも、早々と葬儀場をあとにした。同席した仲間たちには、鼠色のスーツを着た男の姿が見えていなかったが、Nさんから話を聞くと、皆、青ざめた顔をして一緒に帰ってきたという。

鹿の首（赤城山）

　群馬県在住のユウナさんは、よく怪異と遭遇する女性である。車を運転中、道路に人が飛び出してきて撥ねてしまったが、どこにも倒れた人の姿はなかった、とか、飲食店や病院のトイレに入ったら、壁に人の顔が沢山浮かび上がっていた、などの体験は日常茶飯事なのだという。

　その都度、ウオッシャー液を使って車の窓を殺菌消毒したり、叱りつけたりして追い払っている。また、家の風通しを良くすることで侵入を拒んでいるそうだ。

　プロの霊能者ではないが、彼女のもとには、よく友人知人から、

「こんなことがあったんだけど、どうしたらいい？」

と、相談が寄せられる。

　その一件を述べてみたい。

　今から数年前の、九月のこと。前橋市在住で当時二十代半ばだった女性Cさんは、栃木県日光市へ車で遊びに出かけた。現地で東京都に住む友人たちと合流して、一緒に某観光

名所で遊ぶ約束をしていた。本来ならば、ユウナさんも同行するはずだったが、急に都合が悪くなって参加できなかったのだ。

さて、Cさんたちは、夕方には某観光名所を出たものの、飲食店で食事をするうちに盛り上がって、夜遅くまで話し込んでいた。解散したのは午前零時近くだったという。

Cさんはかなり散財したことや深夜で道路が空いていることから、帰路は北関東自動車道（高速道路）ではなく、国道一二二号線を通って帰ることにした。

足尾銅山で知られる足尾町を通って、県境にある沢入《そうり》トンネルを抜けると、群馬県みどり市東町《あずまちょう》に入る。草木ダムから渡良瀬川に沿って続く道路を、南西の方角へ向かって車を走らせてゆく。この辺りはニホンジカが数多く生息していて、その姿をよく見かける。実際に、道路の真ん中に見事な角を持った牡鹿《おじか》が立っていた。

（わあ！　でっかい！）

Cさんの車が近づくと、鹿は慌てて路肩へ逃げ、斜面を登って木立の中に姿を隠した。

（あんまりスピードを出さないほうが良さそうね）

鹿を轢き殺したくはないし、大型獣だけに衝突すれば車が壊れるかもしれない。Cさんは速度を五十キロ以上出さないようにして、運転に神経を集中させた。

足尾山地の西麓から、隣接する赤城山の南東麓へと進む。月が明るい夜であった。数多の星も、濃紺の夜空に輝いている。ほかの車と出会わない時間が、しばらく続いた。

ところが——。

何の前触れもなく、出し抜けに上空から、鹿の生首が落下してきた。

「ひっ……」

長い角を持った、雄の成獣の頭部である。逆さに落ちてきたので、鋭利な角の先端がまともに車のボンネットにぶち当たった。突き刺さったように見えたが、生首は一度跳ね上がって、空中で回転した。ボンネットに角と頭を上にして、再び落下する。

頸部の切断面から、血が迸《ほとばし》った。フロントガラスに血飛沫がかかる。

Cさんは激しく悲鳴を発していた。視界を遮られて、咄嗟《とっさ》に急ブレーキを踏む。

月光が降り注いで、車外は明るい。それに加えて減速したことで、鹿の生首がより鮮明に認められた。大きな黒目と、Cさんの視線が合う。車が完全に停止した。

鹿の生首が口を開け、ゲボッ、という音を立てて、血飛沫《ちしぶき》を吐き出した。生きているかのような動作である。またフロントガラスが赤黒い血に染まった。

Cさんは身体が震え出して止まらなくなった。

鹿の生首は、なおも黒ダイヤのように輝く双眸をこちらに向けている。

（うう……。どうしよう……）

このまま睨《にら》み合いが続くのかと、Cさんが困惑していると――。

鹿の生首は、はたと宙に舞い上がった。まっすぐに上昇してゆき、そのまま夜空へ吸い込まれるように消えていったという。

夢でも見ているのかと思い、両手で左右の頬を同時に叩いてみる。それで眠っていないことを確かめた。フロントガラスには血飛沫が残っている。

Cさんは頭が混乱して、

（この先で、またあれが落ちてきたら……）

そう思うと、前進する勇気が湧いてこない。そのとき、ユウナさんのことを思い出した。彼女なら、何か助言をしてくれるかもしれない。スマートフォンで電話をかけた。

「あの……あの、ですね！　鹿……首の鹿、いえ、鹿の首が、落っこちてきて……」

しどろもどろになりながらも、何度か同じ内容を説明する。

一方、ユウナさんは初めこそ驚かされたが、徐々に状況がわかってきた。

「ん……。じゃあ、まず、ウオッシャー液を出して、ワイパーでフロントガラスを洗って」

Cさんは言われた通りにした。「やりました」

「そうしたら、一度車から降りて、車体に大きな傷がないか、走っても大丈夫げか、点検したほうがいいよ」

「……それはできませんよう……」

「その、鹿の生首は、もうないんでしょ？　だったら、降りて確認したほうがいいよ。もしも角がエンジンに突き刺さっていたら、爆発するかもしれないじゃない」

だが、Cさんは「駄目です！　絶対に降りたくないんです！」と繰り返す。「このまま帰ります……」と弱々しい声で言う。「エンジンは、今も、動いてますから……」

「じゃあ、ゆっくり、様子を見ながら、気をつけて帰ってきてね！　このまま電話を切らないで！　スピーカーフォンにして！」

ユウナさんの指示通りにして、Cさんはびくびくしながら車を発進させた。それから前橋の自宅に到着するまでの数十分間、ユウナさんは励ましの言葉をかけ続けた。

Cさんは泣きながら車を運転していた。エンジンは無事らしく、どうにか自宅まで帰ってくることができた。自宅の庭に車を駐《と》め、バックミラーとサイドミラーを何度も覗いて、車外に何もいないことを確認すると、大急ぎで家屋に駆け込んだ。ボンネットの状態は確認しなかった。家族は既に眠っている。Cさんは自室に入り、ユウナさんと話すうちに、少し気分が落ち着いてきたので電話を切った。

朝まで一睡もできなかったが、夜が明けて、外がすっかり明るくなると、恐怖も和らいできた。庭へ出て、車のボンネットを調べてみたところ……。

不思議なことに、角が当たったと思われる傷痕はどこにもない。そればかりか、血痕も残されてはいなかった。フロントガラスは洗浄したので、血痕がないことは理解できる。しかし、ボンネットも血まみれだったはずなのに、一滴も見られない。夜の間に雨が降ったわけではないし、家族も彼女が事情を話すまでは知らなかったという。


後日、不思議に思ったユウナさんは、長年狩猟を行っている男性の知人に訊いてみた。

「狩りで鹿を撃ったら、首が吹っ飛んじゃったことってありますか？」

「そんなこたぁ、一度もないよ。弾が首に当たっても、首が切断されることはないね。第一、今は猟期じゃないし、鉄砲は道路沿いで撃つのも、夜に撃つのも禁止だよ（群馬県での猟期は、通常十一月十五日から翌年の二月十五日。鹿と猪のみ二月末日まで）」

対向車や先行車はなかったそうなので、車に轢かれて首が切断されたとは考えられない。

「じゃあ、人間以外に鹿の首を切ることができる動物はいますか？」

「熊は鹿を食べるけど……首を刃物で切ったように綺麗に切り落としたり、それを車に向かって放り投げたりすることたぁ、まず、ねえだんべえな《ないだろうな》」

次にユウナさんはCさんの証言を元に、この辺りかと思われる現場を割り出すと、インターネットの航空写真で道路の様子を調べてみた。すると、道路の右側は山の斜面で藪《やぶ》になっていて、左側は深い谷が続いている。どちらも夜中に人が入れる場所ではなかった。

おまけに、それだけでは済まなかった。

今度はユウナさんが夕方、市街地で車を運転していると、突然、大きな角を持った鹿の生首が、五メートルほど先の空中に出現し、回転しながらこちらに飛んできた。

避《よ》ける間はなかった。それはユウナさんが乗る車のフロントガラスを直撃した。

血飛沫が上がる。横倒しになった鹿の顔がこちらを向いていた。視界も塞がれている。

（危ないっ！　いなくなってよっ！）

強く念じると、数秒後に鹿の生首は消え失せた。

怪異を見慣れているユウナさんでも、鹿の生首は不気味だったし、交通事故を起こす可能性もあったので、しばらくは胸の動悸が治まらなかったという。

いつものように、ウオッシャー液を出してフロントガラスを洗浄しようとした。だが、ウオッシャー液は出てきたものの、ワイパーが動かない。

自宅に到着してから調べてみると、血痕は残されていなかった。ワイパーは一本が根元から欠けており、もう一本はひん曲がって、完全に壊されていたそうである。

山の解剖室（赤城山）

これも〈鹿の首〉の現場に近い地域で発生したできごとである。今から三十年くらい前だというから、一九九〇年代前半のことだ。赤城山南面に当たるその地域は、二〇〇四年の暮れに前橋市の一部となったが、当時は勢多郡宮城村《せたぐんみやぎむら》と呼ばれていた。

現在、前橋市で洋菓子店を営む男性Yさんは、その頃、まだ調理師専門学校に通う学生であった。

「宮城村におっかねえ場所があるんだぜ」

と、学友から聞いたYさんは、ドライブがてら、肝試しに行ってみたくなったという。

ある夜、五、六人の学友と車二台に分乗して、現地へ向かった。車の一台は、案内役の学友が運転しており、もう一台はYさんが運転していた。

うら寂しい山奥の細い道へ入ってゆくと、プレハブ小屋が一軒、建っていた。この辺り一帯が、学友曰く〈おっかねえ場所〉らしい。車二台をプレハブ小屋の前に並べて駐《と》めることになった。Yさんが車をバックさせて駐めようとしていると――。

バックミラーにプレハブ小屋が映った。大きな窓があって、アルミサッシに嵌《は》め込まれたガラスに何かが浮かび上がっている。

女の顔であった。プレハブ小屋の中は真っ暗なはずなのに、なぜかYさんには、そこだけが蛍光灯の光を浴びているかのように、くっきりと見えた。

「んっ……？　おい！　人がいるぞ！」

Yさんは同乗している学友二人に知らせた。住人がいる建物とは思えないが、土地の管理者だとしたら、面倒なことになりかねない。

Yさんが振り返ってみると、やはり女の顔が窓ガラスに映っている。髪を引っ詰めにした、三十代の半ばくらいの女であった。

「本当だ！」

後部座席に乗っていた学友が、振り返って叫ぶ。

Yさんが車をバックさせるのをやめると、女の目が動いて視線が合った。

にやり、と女が笑う。

そして閉まっている窓ガラスを突き抜けて、プレハブ小屋から外へ出てきた。

そのときになってYさんは初めて気づいたのだが、女には胴体も手足もなかった。生首だったのである。暗くて顔しか見えないわけではなかったのだ。

「うわあっ！」

「出たあっ！」

Yさんは驚愕して、車をすぐさま発進させた。そのまま来た道を引き返して、一キロほど逃走した。幸い、女の生首が追いかけてきている様子はなかった。路肩に車を停めて待っていると、あとからほかの学友たちが乗った車が走ってきた。

「いきなり逃げちまって……どういうことだゃ？」

「悪かった！　実はなぁ！」

互いに車のウインドウガラスを下げて大声で話す。とくにYさんたちは、市街地へ出るまでは車から降りたくなかったそうだ。そこでわかったのだが、もう一台の車に乗っていた学友たちは、女の生首を見ていなかったという。

「バックするとき、バックミラーを見たし、後ろを振り返りもしたけど！　そんなん、見えなかったけどなぁ！」

とのことであった。

おまけに、それだけでは済まなかった。

Yさんの車の助手席に同乗していた学友は、先程から黙り込んでいたのだが、

「あのさ……。Yたちは、女の生首を見た、って言ってるけど、俺には見《め》えなかったんだ。違うものが見えたんさ」

と、急に喋《しゃべ》り出した。

「違うもの？　何が見えたんだい？」

「あれは……頭に角がなかったけど、たぶん、鹿の生首だ！」

「何だ、そりゃあ？」

Yさんたちは、わけがわからなかったが、あたふたと退散した。


翌日、学校でYさんがこの話をすると、のちに妻となるRさんが興味を示した。

「ねえ。それならもう一度、昼間のうちに確かめに行ってみない？」

「ん……。まあ、昼間なら、怖くない、かも、な……」

Yさんはあまり乗り気ではなかったものの、Rさんと同行したくて承諾した。

今度は車二台が満車になる状態で、再び旧宮城村へと向かう。

現地に到着して、車をバックで駐めてみたが、前夜と違って、何も起こらなかった。皆が車から降りてみると、プレハブ小屋は入口の横に木製の看板が掛けられており、〈解剖室〉と書かれていた。毛筆で書いたものらしい。

声をかけてみたが、当然、誰も出てこない。入口の戸には鍵が掛かっていなかったので、学友の一人が慎重に開けてみた。屋内を覗くと、一角がタイル張りになっており、確かに解剖台らしきものやステンレス製の風呂桶のようなものがある。

だが、棚があって、ヘルメットなどの建設作業用具も置かれていた。テーブルもあり、その上には茶碗や急須が放置されて、埃を被っている。

「本当に解剖室、なのかな？」

「物置きみたく《みたいに》も見えらいね《見えるよね》」

Yさんと R さんは、〈解剖室〉の不気味な雰囲気がとても気になり、友人知人などに訊いてみたが、結局、どのような目的で建てられた小屋なのかは、わからず仕舞いであった。ほどなく、そこでは土地開発が行われ、〈解剖室〉も取り壊されたようである。

とはいえ、夫妻にとっては、今でも忘れられない一件だという。

山の病院（赤城山）

赤城山の南面には、かつてN病院という精神病院が存在した。その後、短期間で閉鎖されて、何年か廃墟となっていたが、二〇〇〇年前後に取り壊されて、現在は何も残っていない。

「森の音」などに登場した、渋川市に住む女性Dさんは、小学生の頃から怪談が好きで、幽霊や妖怪を見てみたい、と思っていた。彼女が中学二年生だった頃、

「うちのお兄ちゃんが、友達とN病院を見物しに行くことになったんで、あたしも連れてってもらうんだ。Dちゃんも一緒に行かない？」

と、同じクラスで、一番仲が良いW子から誘われた。

W子には、Q男という二十歳の兄がいる。彼は普通自動車運転免許を所有しており、最近、ローンで新車を購入したのだという。

「行きたい！　あたしも連れてってって！」

N病院の廃墟は勢多郡粕川《かすかわ》村（現前橋市粕川町）に残されており、〈出る場所〉として有名で、Dさんも行ってみたいと思っていた。しかし、中学生が現渋川市伊香保町から自

転車で行くには遠過ぎるし、鉄道やバスの便が悪く、両親に頼んでも連れていってくれるはずがない。それで半ば諦めていたのだが、願ってもない好機が訪れた気がした。

「W子ちゃんの家へ、泊まりに行ってくるね」

両親にはそんな嘘を吐いて、土曜日の午後に家を出た。

W子の家に四人が集合して、出発したのは午後二時半頃であった。昼間のうちに下見をしておき、夜になってから再訪する計画である。車はW子の兄のQ男が運転し、助手席にはその男友達が、Dさんと W子は後部座席に座った。

Q男の男友達はPといい、小太りで肌は日に焼けて浅黒く、細い目が吊り上がっていた。彼の容姿を見て、すぐにDさんは思った。

(何だか、ゴキブリみたいな人だな)

だが、それは絶対に口外するまい、と考えた。

「ほかの連中が来てるかもしれない。有名な場所だから、肝試しに来る奴が多いんだいね」

Q男が道中、そう言ったが、午後三時半過ぎに赤城山の麓《ふもと》にある廃病院の前に到着すると、ほかの車は一台も駐《と》まっていなかった。

鉄筋コンクリートの大きな建物で、入口のガラス張りのドアは完全に破壊されている。そこから屋内に入ると、昼間でも薄暗かった。内部も侵入者たちによって荒らされており、床にはカルテや薬品が入った瓶、注射器などが散乱している。窓ガラスも割られて、床のあちこちに破片が散らばっていた。

精神病院だったため、病室には独特の雰囲気がある。部屋の窓には鉄格子が取り付けられていた。幾つかの個室は入口にも鉄格子があり、牢獄を想起させる。

「重症患者が、ここに閉じ込められていたんだぜえ！」

Pが枯れた濁声《だみごえ》を発した。

「やだ……」

「気持ち悪いよね……」

DさんとW子は不快感を口にした。

病院の中には手術室もあり、入口の扉は開いたままになっていたが、その前に高さが二メートルを超えると思われる青いパーテーション（間仕切り板、簡易壁）が通せん坊をするかのように置かれていた。

「これ、邪魔だなぁ！」

Q男がそう言いながらも、触りたくないのか、どかそうとはせず、狭い隙間を通って、手術室へ入ってゆく。あとからDさんたちも同じように隙間を通り、手術室に足を踏み入れた。昼間でも暗いので、Q男が懐中電灯を点ける。

何事も起こらず、予定通りに日が暮れてからもう一度、来ることにした。午後五時になっていたが、夏至の頃のことなので、屋外は明るく、昼間とさほど変わらない。一行は前橋市街地へ出て、ファミリーレストランに入り、時間を潰すことにした。

夜になってから再び廃病院へ行ってみると、赤城山南面の道路を走るほかの車は少なく、真っ暗な山の中に建物がぽつんと取り残されているように見えた。昼間同様、ほかの侵入者はいないらしい。それぞれ持参した懐中電灯を手にして、屋内に侵入すると、真っ暗で、昼間とはまったく別の空間に見えたという。

懐中電灯で行く手を照らしつつ、床に散乱したカルテを踏みながら前進する。Q男とPが前に立ち、DさんとW子は並んで後ろを歩いていた。暗闇が果てしなく深い。

(この暗闇から、何かが飛び出してきたら、どうしよう……)

Dさんは緊張し始めた。つい、悪いことを想像してしまう。

(後ろから、何かが襲いかかってくるかもしれない)

足を止めて後ろを振り返る。背後の闇に灯りを向けると、いきなり肩を叩かれた。

「うっ……」

飛び上がらんばかりに驚いたが、何とか悲鳴は上げずに済んだ。向き直ると、いつの間にかPがこちらを向いて、自らの顔に懐中電灯の光を当てていた。肩を叩いたのも、彼のいたずらであった。

「……何やってるんですかっ？」

「へっへっへっ……」

Pは笑い声を立てると、前を向いて歩き始めた。Pはその後も唐突に振り返って、Dさんやw子の顔に灯りを向けてきたり、奇声を発したり、わざとガラスの破片を踏みつけて大きな足音を立てたりした。矮躯《わいく》で、短い手足を忙《せわ》しなく動かしながら、余計な行動を繰り返す。彼の姿は、Dさんにますます苦手なゴキブリを彷彿《ほうふつ》とさせた。

やがてQ男も一緒になって同じことをやり出した。DさんとW子を怖がらせようとしているらしい。だが、怖がっているのはW子だけで、Dさんはすっかり興醒《きょうざ》めしてしまった。怖さが薄れて、むしろいらいらしてくる。

「あのう……やめて下さい。変ないたずらは……」

それでも、二人がいたずらをやめないので、Dさんは怒りを感じ始めた。

(こんなの嫌だな。もう帰りたくなってきた)

Dさんは二人から少し離れて歩くことにした。W子は二人のあとにくっついて進んでゆくので、必然的にDさんは三人から離れることになった。しかも、Pが、

「俺、スプレーを持ってきたんだ。帰る前に、壁に落書きしていぐべえや！」

と、言い出したのだ。彼の手にはスプレーペンキの缶が握られていた。

「ええっ？　ちょっと！　よしましょうよ！　そうゆうの！」

「何で？　廃墟に落書きはつきものだんべえが《だろうが》！　何なら記念に〈Dちゃん参上〉とか、書いてやるぜ！」

「や、やめて下さい！　あ、あたし、嫌なんですよ！　廃墟だからって、物を壊したり、落書きしたりする人が！」

「うるせえなぁ。こんな所まで来て、何言ってるんだや！　そんなら、初めっから廃墟になんか、来なきゃ良かったんじゃねんきゃ《ないのか》あ！」

Pも言い返してきた。その姿が、Dさんにはますます人間大のゴキブリに見えてくる。

「馬鹿っ！　そんなことをする人は、ゴキブリと一緒よっ！　ゴキブリ野郎！」

「な、何だと？　このっ！　いまいっぺん《もう一度》言ってみろっ！」

Pが目を剥《む》いて、Dさんの襟首を掴んできた。Dさんの両足が宙に浮き上がる。

「……何度でも、言ってやるわよ！　薄汚い、ゴキブリ野郎！」

Dさんは光の中に浮かぶPの顔を見ていると、虫唾《むしず》が走る思いがしてきた。逆にPの襟首を掴み返す。本気で、殴ってやろう！　と思ったという。

慌ててQ男とW子が、まあまあ、と仲裁に入る。Pは先に手を離して、こう言った。

「馬鹿は一緒だんべえが！　おめえだって不良娘の分際で、何言ってやがる！」

Dさんはそれまで〈不良娘〉と言われたことは一度もなかったので、愕然とした。ここへ来たことは、友達の兄のQ男が一緒なので、問題ないものと思っていた。しかし、よく考えてみれば、中学生の身で両親に嘘を吐き、夜の廃墟に侵入したことに変わりはない。

（あたし、不良娘だったのか……）

Dさんも Pから手を離し、打ちひしがれて、黙り込んだ。

ふっ！　とPは馬鹿にしたように鼻を鳴らしたが、それ以上は何も言わずに歩き出す。

四人とも無言で、四方に灯りを向けながら、手術室までやってきた。邪魔なパーテーションを避けつつ、室内に踏み込む。Dさんは殿《しんがり》で手術室に入っていった。すると――。

「おわあああっ！」

「きゃあああっ！」

「ほえええええっ！」

突如、先に入っていた三人が大声を発した。三人とも数メートル離れた位置から、Dさんに灯りを向けて騒いでいる。

（さっきの仕返しのつもりかな？）

Dさんは彼らが芝居を打っているのかと思ったが、こちらに灯りを向けたまま、悲鳴を上げ続けている。三本の光の矢に目を射られて、ひどく眩しい。

その上、Pは床に座り込んで、Dさんを指差していた。腰を抜かしているようだ。

「何よ？」

Dさんは三人がいるほうへ進み、彼らの斜め前に立つと、振り返って先程まで自分が立っていた方角を懐中電灯で照らしてみた。

木製の青いパーテーションに何かが映っている。それは、人らしきものの巨大な黒い影であった。高さが二メートル以上もあるパーテーションの上に、頭が突き出している。

(誰かいるのね！)

Dさんがそう思った刹那、黒い人影はパーテーションの前から消え失せた。

カツーン、カツーン……と、重々しい靴音が響いて、空気が動く。Dさんは、何か大きなモノが目の前を通過してゆく風圧を感じた。けれども、相手の姿は見えない。ほかの三人はずっと叫び続けていたが、その声が火にガソリンを注いだようにけたたましくなる。

「どうしたん？」

Dさんは三人に灯りを向けて凝視したが、何も見えなかった。四方に灯りを向けてみても、何もいない。荒らされた手術室の光景が目に映るばかりであった。

にも拘《かかわ》らず、三人はまだ怯えていて、狂ったように叫び続けている。

「なあに？　何も見えないんですけど！」

幾ら訊ねても、誰も答えようとしない。

ただ、Pがひと際大きな悲鳴を上げた。その途端、手術室の奥のほうから——。

ダン！　と大きな物音が響いた。何かが落下したらしい。次の瞬間、三人は猛然と駆け出した。Dさんを手術室に残して逃げてしまったのである。室内に暗闇と静寂が広がった。

（ああ、良かった。うるさいのがいなくなって、清々したわ）

Dさんは独りでゆっくりと歩き出した。不思議と恐怖も不安も感じなかった。落ち着いた足取りで、来た道を引き返してゆく。廊下を進むうちに、廃病院の出口が見えてきた。

（あと少しで外へ出られるわね）

と、思ったときのこと。不意に真横の暗闇から、

「よう。うるさかったなぁ」

男の声が聞こえてきた。低音で、熟練した声優を思わせる素晴らしい声であった。

「ほんと！　うるさかったですよねえ！」

Dさんは立ち止まって、そう答えていた。

「君は、独りで怖くないのかね？」

「別に、怖くはないですね」

「ほほう。何で、怖くないのだね？」

「ううん……。たぶん、凄くいらいらしていたからだと思います。一緒に来たあの人たちが、しゃいなし無闇矢鱈《むやみやたら》に騒いで、うるさかったから」

「そうか！　だから、○○○だったのかね！」

「はあ……」

Dさんには、男が「だから」のあとに何と言ったのか、聞き取れなかった。それでも男はかまわずに話し続ける。

「人と話すのは久しぶりなんだ」

「そう、なんですか」

「人って、こんなにも穏やかな話ができるものなんだなぁ」

「……そう、ですか。良かったですねえ！」

「落ち着くな」

「うるさい奴がいなくなったからでしょう」

「いや、それは違うな」

「えっ。違うんですか？」

何がどう違うのか？　Dさんは怪訝《けげん》に思った。先程から、男の話す内容が何やらおかしい。噛み合わないのだ。それと同時に、

(あたし、さっきから、誰と話してるんだろう？)

そう思い始めたときのことであった。

「おうい！　大丈夫かあ？」

「Dちゃあん！　早く出てきな《お》い《い》！《で》」

先に屋外へ逃げ出していた三人のうち、W子とQ男の声が聞こえてきた。頻りにDさんを呼んでいる。車のクラクションまで聞こえてきた。Pの声は聞こえなかった。

「あたし、もう行かないと」

「そうか。もう、ここには来られないよな」

男の声が、急にか細くなった。

「もう来られません」

「わかった。じゃあな」

「さようなら」

Dさんは歩き出すと、足早に出口から屋外へ出た。

男との会話は、思い出せば思い出すほど、わけがわからない奇妙な内容だったという。

おまけに、男の姿を見た記憶がないそうである。

屋外に出てから、肝試しに来たほかのグループの人だったのかと思い、辺りを見回したが、車はQ男の愛車しか駐まっていなかった。Q男の車へ急ぐと、三人は既に車の中にいて、Pは後部座席に座り、頭を抱えて震えていた。

Dさんは、Pの隣には絶対に座りたくなかった。それで助手席に乗っていたW子に「何で、あの人の隣にあたしを座らせようとするん？」と文句を言って、座席を替わらせた。

Q男が車を発進させたが、車内は重苦しい空気に包まれていた。真っ暗な山道では、誰一人、何も喋らなかった。Dさんは、喋ってはいけない気がして黙っていた。国道三五三号線を西へ向かい、渋川市街地に出ると、ようやく三人は落ち着いたらしく、喋り始めた。

今なら訊いても大丈夫かな、とDさんは思い立ち、隣席のW子に声をかけた。

「ねえ。あそこで何があったんさ？」

「何が、って……。Dちゃんには、あれが見えなかったん？」

「あれ、って？　あたしが見たのは、あんたたちの叫び声と情けない顔と、パーテーションに映った人の影だけよ！」

「その影よ！」

W子たちが語った話によると、あの人影は木製のパーテーションを突き抜けて手術室に入ってきた。最初は縦横に大きく、ぼやけていたが、まもなく縮んできて、色濃く明瞭な、人の形になっていった。ただし、全身が真っ黒で、人相や服装までは確認できなかった。身の丈は一七五センチくらいあって、がっちりしているように見えたらしい。

それは三人よりも少し前方に立っていたDさんの真横を通って、三人のほうへ向かってきた。やがて三人の前で立ち止まったかと思うと、Pに向かって片手を振り上げた。その手には、手術用のメスと思しき小刀が握られていた――。

Pは「殺される！」と思い、情けないまでの悲鳴を発したそうである。

三人はまったく身動きができなくなっていた。声を出すことはできたが、悲鳴を上げる以外にどうすることもできなかった。けれども、どういうわけか、運良く、ダン！　と何かが落下した物音が響いて、それを機に手足が動かせるようになった。逆に黒い人影はメスを振り上げたまま、動きを止めた。そこで三人は一斉に逃走したのだという。

「あたしを置いてけぼりにして？」

Dさんは嫌味のつもりで言った。三人のことが、尚更、嫌いになっていた。

「ごめん！」

「あのときは、殺されると思ったからさぁ……」

「逃げるしかなかったんだいな……」

つまり、三人が目撃した黒い人影を、Dさんだけは一部しか見ていなかったことになる。

元々この夜は、W子の部屋に泊めてもらう予定だったが、解散することになり、夜更けにQ男の車で自宅まで送ってもらった。しかし、その間もDさんは、同乗している三人、とくにPのことが嫌で堪らず、憎しみさえ感じて、

（ゴキブリ野郎！　いっそ、メスで斬り殺されちゃえば良かったんに！）

と、心の中で悪態を吐き続けていた。


帰宅すると、両親には「頭が痛くなったから、帰ってきた」と、また嘘を吐いた。

翌々日の月曜日に中学校へ登校したDさんは、W子と会うなり、思ったことを告げた。

「一昨日《おととい》はありがとう。お兄さんにも伝えてね。……あと、あたしたち、友達やめよう」

W子がどんな顔をしたのか、何と言ったのか、Dさんはなぜか覚えていない。

ただ、それ以来、W子とは学校以外で顔を合わせることはなくなった。中学校を卒業してからは一度も会っていない。無論、Q男やPともだ。これまでの人生で殴り合いの喧嘩をしそうになったのは、あのとき一度きりだという。

なぜ、あれほど怒りっぽくなったのか、Dさんには未だにわからない、とのことである。

亀石と中山峠（赤城山）

桐生市黒保根町《くろほねちょう》にお住まいの女性、Wさんから聞いた話である。

黒保根町は、赤城山の南東麓に当たる山村で、上田沢地区の県道二五七号線沿いに、亀石と呼ばれる夫婦亀の巨岩がある。県道側にあるのが男亀で、田沢川の渓谷を挟んだ崖にあるのが女亀とされているが、男亀は木々に覆われて姿がわかり難い。男亀の隣にある、一目で亀とわかる小さめの岩は、近年、他所《よそ》から運び込まれた子亀で、左手の少し離れた位置にあるのは蛙石だ。女亀は、海亀を思わせる優美な姿をしている。

この亀石には、女亀がほかの村から〈嫁いできた〉との伝説があるが、恐怖譚ではない。むしろ、縁起の良い場所とされている。だが、奇怪な事故が多発した現場でもあるそうだ。

この町が、まだ勢多郡黒保根村と呼ばれていた、今から四十年ほど前のこと。

Wさんは、小学五年生であった。

その頃、村内に住む七十代の老人が姿を消した。彼は隣接する勢多郡東村《あずま》（現みどり市東町）にある親戚の家へ行き、その帰路に消息を絶った。警察や消防、大勢の村人たちが捜索したところ、何日も経って、亀石の下の谷底から遺体となって発見されたという。

女亀がある崖の上は山になっていて、中山峠と呼ばれる峠へ向かう細い道が通っている。現在は藪化しつつあるが、かつては山を越えて東村へ抜ける最短コースであった。

その道を通行中に谷底へ転落したらしい。しかし、老人といっても、足腰の強い壮健な男性で、通い慣れた道であり、天気は悪くなかったので、地面が滑りやすい状態になっていたわけでもなかった。そうかといって、自殺や他殺を思わせる証拠や形跡も発見されなかったことから、不可解な事故死とされたという。

さらに、およそ一年後。

同じく村内に住む七十代の老人が失踪した。彼は畑仕事に出かけたまま、夜になっても帰らなかったため、家族が畑へ様子を見に行くと、農具が放置されていた。まるで作業中に用事を思い出して、すぐに戻るつもりで、その場から離れただけのように見えたそうだ。再び大勢の人々が捜索を行ったが、数日経っても見つからず、「神隠しではないか?」と大騒ぎになった。

けれども、失踪する直前に、Wさんと同級生の少年が、この老人と擦れ違っていた。少年が挨拶をすると、老人は機嫌が良さそうに笑って、「よう!」と答えたあと、喋りながら亀石がある山のほうへ歩いていった。一人だったが、

「五覧田城《ごらんだじょう》まで行ぐんきゃあ? じゃあ、俺も付き合わあ!」

と、連れがいるかのように、大声で楽しそうに話していたという。

少年の証言により、中山峠周辺と田沢川の渓谷を手分けして捜索したところ、またしても亀石の下付近から、転落死を遂げた老人の遺体が発見された。

この老人も壮健で、現代でいう認知症の症状はそれまでまったく認められず、精神は安定していた。なぜ急に山へ向かったのか、なぜ転落したのかは、わからぬままである。

かの少年は、Wさんをはじめとする学友たちに、こんな話もした。

「うちの祖父《じい》ちゃんが言ってたよ。あそこに落ちて死んだ人は、これで十人目だ、って」

中山峠は、五覧田城という戦国時代の山城跡に通じている。そこでは北条氏配下の阿久沢《あくざわ》氏、上杉謙信、由良《ゆら》氏による激戦が繰り広げられ、自刃した侍の話も伝わっている。その怨みが、亀石がある谷に残っていて、男性ばかりを殺すのだろう、とのことであった。

戦国武者の幽霊を見た者は、Wさんの周りにはいなかったので、事実か否かは定かでないが、後年にも死亡事故は発生している。Wさんも面識があった五十代の男性が、できの悪い農作物を田沢川へ捨てに行き、どうしたことか、谷底へ転落したらしい。彼もまた、亀石の下から、不法投棄した大量の野菜に埋もれた状態で、遺体となって発見された。

ただし、村おこしのイベントで、有志が集まって注連縄《しめなわ》を作り、それを男亀と女亀の間に張って、神社の神主が祝詞《のりと》を上げたところ、転落死は起きなくなったそうである。

旧中里村と上野村の怪異（御巣鷹《おすたか》の尾根）

「鹿の首」に登場した、ユウナさんの体験談である。最近、彼女は幼い子供や女友達と車で、群馬県南西部の〈神流町《かんなまち》恐竜センター〉へ初めて遊びに行った。多野《たの》郡神流町は、山々の間を流れる神流川と国道四六二号線沿いの谷間に集落が点在している。町の奥地に当たる旧中里村地域では、一九五三年の道路工事によって、岩壁に〈瀬林《せばやし》の漣痕《れんこん》〉と呼ばれる中生代の波の痕が現れた。現在は山深い地域だが、中生代には浅い海辺だったのだ。

さらにこの岩壁からは、日本で初めて中型から小型の恐竜の足跡が発見されている。旧中里村時代には、ほかにも恐竜の化石の一部が発掘され、サンチュウリュウと名づけられた。ティタノサウルス類、スピノサウルス類の歯なども発掘されている。旧中里村はそれを村おこしに利用して〈恐竜王国〉と名乗った。その時期に設立されたのが〈中里村恐竜センター〉、現在の〈神流町恐竜センター〉である。

この博物館は、西隣の上野村《うえのむら》に程近い大字《おおあざ》神ケ原《かがはら》に存在するのだが、ユウナさんが車を運転して、現地へ近づいたときのこと。

突如、車のエンジンが異音を立て始めた。

ババババババッ！　グーン……ドゥーム……シュウウウウ！　ゴオオオオオ！

という爆音であった。近年製造された日本車は、エンジン音が静かな車が多い。この車もそうなので、ユウナさんは意外に思った。

（あれ？　嫌だな。故障かしら？）

エンジン音は大きくなり続けていた。耳の中が痛くなってきたほどである。

（何だろう、この音は？　前にどこかで聞いたことがあるような……）

だが、車は止まることなく動いている。

「ねえ、さっきからこの車、エンジンから凄い音がしてるよね？」

後部座席に同乗している友達に訊いてみると、相手は目を丸くした。

「えっ？　ううん。普通の音だと思うけど……」

今度はユウナさんが「えっ？」と驚く番であった。友達には聞こえていなかったのだ。

そこへ――。

キュウウウウ！　キイイイイン！　ドオオオオオオオオ！

特徴のある音が響き渡った。

（これ、飛行機の音だ！）

ユウナさんは以前に就いていた仕事で、飛行場へ行くことがよくあった。飛行機のエンジン音にまちがいない。車窓から上空を仰いだが、飛行機は見当たらないし、爆音は明らかに車のボンネットから聞こえてきていた。

そうこうするうちに目的地に到着したので、車のエンジンを止めると、爆音もやんだ。

(ああ、これは……)

ユウナさんは、ここから神流川を遡《さかのぼ》った上野村の最奥地で昔、日本航空ジャンボ機墜落事故が発生していたことを思い出した。彼女は事故当時、まだ生まれていなかったものの、地元県で起きた有名な大惨事なので、もちろん、話に聞いたことはある。

また、夜中にトンネルの中を歩く女がいて、車を呼び止め、「大阪へ帰るには、どちらへ行けば良いでしょう？」と訊いてくるのだが、その直後に女は消えてしまった、とか、よく見ると、女には首がなかった、といった、体験者不在の〈田舎伝説〉も知っていた。

ただ、この日は初めて訪れる土地への興味や友達との楽しい会話、加えて子供の世話もあって、大惨事のことはすっかり忘れていたのである。

(上野村に入ってもいないのに、隣町へ行っただけであんなことが起こるんだから、あたしは事故現場近くには、絶対に行けないな)

と、思ったという。

ちなみに、恐竜センターを見学したり、食事をしたりして帰路に就いたとき、車のエンジンを作動させても爆音は聞こえなかったそうだ。

○

もう一話。これはユウナさんが、知人の男性から聞いた話である。

現在、五十代の男性Gさんは、若い頃には怪異が起こると噂される場所や、起こりそうな場所へ、仲間三名とよく遊びに出かけていた。

普通自動車運転免許を取り立ての頃、上野村の御巣鷹《おすたか》の尾根にも行ったという。

かつて〈群馬の秘境〉と呼ばれていた上野村は、一九八五年八月十二日に〈日本航空一二三便墜落事故〉が発生したことで、全国に知れ渡った。

東京発大阪行きのジャンボジェット機は、羽田空港を飛び立った直後に故障から操縦不能となり、機長たちは何とか羽田空港へ引き返そうとしたが、果たせなかった。群馬県と長野県の県境に近い多野郡上野村の山岳地帯、標高一五六五メートル付近に墜落した機体は大爆発を起こし、五二四名の乗員乗客のうち、五二〇名が死亡する大事故となった。

のちにもう一名、慰霊登山のために造られた登山道の整備作業をしていた日本航空の男性社員が、崖から転落して亡くなっている。

墜落場所は御巣鷹山と思い込んでいる向きが多いが、実際には隣にある高天原山系《たかまがはらさんけい》の名もない尾根であった。長年、人が入っていない山岳地帯で、呼び名もなかったのだ。そこで時の上野村村長だった黒沢丈夫氏が、警察からの依頼で〈御巣鷹の尾根〉と命名したのである。わずかな生存者の救出や遺体の収容作業は、自衛隊、警察機動隊、地元の消防団などが猛暑の中で行った。


余談になるが、私は当時、高校生であった。そして実は、母方の従兄《いとこ》が警察機動隊に所属しており、夏季休暇の初日に出動して作業に従事していた。急な斜面にしがみつくようにして、連日、野営をしながら行ったという。従兄は警察官としての守秘義務を守り、詳しいことは今でも語ろうとしないが、いかに凄まじい光景だったかを、ぼかして口にしたことがある。

「俺は戦場を見たことはねえけど、実際の戦場ってのは、きっと、ああいう景色なんだろうな、と思ったよ。一生、忘れられねえな」

さらに、珍しく声を荒らげて、怒りを口にしたこともあった。

「マスコミの奴らは、俺たちの邪魔ばかりしていた。あいつらは邪魔をしに来ただけだ！

それに、デリカシーのない報道をしやがって！」

　さて、Gさんの話に戻そう。御巣鷹の尾根は、現在では事故現場へ慰霊登山を行う遺族のために車道や駐車場、登山道が整備されているが、当時は遺体や遺品の回収作業が打ち切られたばかりの頃で、簡単に行ける場所ではなかった。それでもGさんたちは、地図と方位磁石を持参して、車で行ける所まで進み、最後は藪の中を歩いて山を登ろう、と考えていた。

　しかし、晩秋の休日に現地へ行ってみると、救助と回収作業に励んだ各組織の隊員たちをはじめ、邪魔者とされたマスコミ関係者やわざわざ様子を見に来た野次馬なども含めて、数多くの人々が現場へ出入りしたことから、踏み跡による粗末な道ができていた。

　Gさんたち四名は、そこを利用して山に入った。カラマツなどの針葉樹が多い森が、どこまでも広がっている。彼らは不届きなことだが、〈戦利品〉として機体の一部や遺品が落ちていれば拾いたい、と考えていた。道中、それらが爆風で吹っ飛んできているのではないか、と地面を注意深く見ながら斜面を登っていったものの、何も見つからなかった。

　疲れたので少し休憩をすることになった。その間もGさんは四方を見回して〈戦利品〉を探してみたが、薄暗い森が広がっているばかりである。

「何も落《お》ってねえや。つまらねえな」

と、呟いた直後のことだ。

同い年の仲間、男性Uさんが、急に黙って単独で藪の中へ入っていった。

「おいおい！　そっちは道じゃねえぞう！」

「危ねえから、引き返せよう！」

Gさんたちが声をかけても、Uさんは無言で進んでいってしまう。初めは、ふざけているのかな、と思ったが、一向に足を止める気配がない。

「あいつ、何だか様子がおかしいな」

Gさんたちは跡を追いかけた。

すると、Uさんは急な斜面の上に立っていた。なおも足を踏み出そうとする。

「馬鹿っ！　何やってるんだ！」

Gさんは、Uさんの肩を掴んで引き留めた。転げ落ちれば生命を落としかねない。

斜面を見下ろすと、更地のように木々が根こそぎ倒された、広大な谷が口を開けていた。

倒木や立木が真っ黒に焼け焦げた場所もある。ひどく焦げ臭くて、油の臭いもしていた。

「ここが……」

「墜落した場所か！」

誰もが棒立ちとなり、目を見張った。おまけに、それだけでは済まなかった。Uさんの顔が変わっていたのだ。知らない男や女の顔が、次々に彼の顔と重なっては消えてゆく。女児の顔や欧米人の男の顔まで現れた。

「うわっ！」

三名とも異変に気づいて同時に悲鳴を上げたが、じきに本来のUさんの顔に戻った。

「とにかく、早く山を下りようぜ！」

既に太陽が西の空に傾いていた。秋の日は釣瓶落《つるべお》とし、ともいわれるように、ここから日没までが早い。日が暮れる前に車へ戻らなければ、山中で道に迷う危険があった。

言うことを聞かないUさんを三名で押したり引いたりしながら下山するのは、かなり難儀な作業であった。薄暗くなってきた頃に、やっと車へ戻ることができたという。

ところが、無理矢理、車に乗せると、Uさんは我に返って、

「あれ……？　俺は何をしてたんだ？」

と、目を見開いている。山の中で休憩を始めたところまでしか覚えていないそうだ。

Gさんたちが経緯《いきさつ》を説明すると、

「俺が、そんなことを……？　ほんとなんきゃあ？」《なのかい》

Uさんは呆気に取られていた。

本来ならば、道路の路肩で車中泊をして、夜間の恐ろしい雰囲気を楽しみ、翌日も朝から登山をして〈戦利品〉を探そうと思っていたのだが、断念して帰ることになった。

日本航空一二三便墜落事故には、さまざまな陰謀論もつきまとう。

とはいえ、この大惨事がらみの怪談は、前述した〈田舎伝説〉の類いを除けば、『遺体の安置所となった、当時の藤岡市民体育館の上空を無数の人魂が舞っていた』とか、『体育館の跡地に建てられた公共施設へ行くと、人によっては寒気を感じたり、いないはずの人影が見えたりする』といった、どこか物悲しい話が多く、死者が生きた人間を道連れにしようとする怨霊譚は、極めて少ないように思われる。

したがって、これは私の憶測に過ぎないが、Uさんは事故死した人々の霊に引き込まれかけた、というよりも、御巣鷹の尾根に元々、邪悪なモノが潜んでいて、それに引き寄せられた、と考えるべきなのかもしれない。そして同じように、故障で操縦不能となったジャンボ機一二三便も、御巣鷹の尾根に引き寄せられたのではないだろうか？

参考資料　神流町恐竜センター　https://dino-nakasato.org/
参考文献　『日航機墜落――１２３便、捜索の真相』河村一男　著（イーストプレス）

剣竜の背（妙義山《みょうぎさん》）

妙義山は、赤城山、榛名山と並んで、〈上毛三山《じょうもうさんざん》〉の一つとされている。上毛とは、群馬県の旧名、上毛野国《かみつけのくに》（のちの上野国《こうずけのくに》）の上毛を音読みにしたもので、現在もよく使われている言葉だ。つまり、〈上毛三山〉とは群馬県を代表する山々、ということになる。

もっとも、群馬県には山が多く、より標高の高い山や、地域で信仰されてきた山、登山で人気が高い山などがほかにも沢山あるのだが、この三山が特別扱いされているのは、県中部から南部にある主要都市に近いことや、特徴のある山容をしているためであろう。

甘楽郡下仁田町、富岡市、安中市に跨る妙義山は、表妙義と裏妙義があるものの、どちらも標高一一〇〇メートル前後の峰しかなく、〈上毛三山〉の中では一番標高が低い。ただし、鋭く尖った岩壁が連なる雄々しい山容から、日本三大奇景の一つといわれている。

私は、恐竜の仲間で剣竜と呼ばれるステゴサウルス類の背に並んだ、三角形や五角形の板を連想してしまう。なお、それぞれの峰に呼び名があって、妙義山がその総称である点は、赤城山や榛名山と共通している。

同じ群馬県のみなかみ町にある谷川岳は、累計遭難死者数が八〇〇名以上と、世界で最も多く登山者の生命を奪ったことで知られ、〈魔ノ山〉と呼ばれているが、昨今は妙義山のほうが一年当たりの遭難死者数が多いのだという。その山容に惹かれて未熟な登山者が多数訪れるようになり、険しく切り立った岩場から滑落することが原因といわれている。

私の既刊『群馬百物語　怪談かるた』に収録した「七十四、妙義で見つけた　遭難者」は、まさにそんな話なので、未読の方向けに粗筋を記しておきたい。

ある日、三十代の母親と小学生の娘が、軽装で妙義山へ登山に出かけて、行方不明になってしまった。警察と消防が捜索を行ったが、発見することができなかった。

高崎市在住の男性Oさんは、捜索が打ち切られてから妙義山へ登山に出かけた。登山道を歩いていた彼は、崖の上の空中に黒ずんだものが二つ、浮かんでいることに気づいた。

それらは靄《もや》のようにぼんやりとしていたが、気になって目を凝らすと、人の首に見えてきた。髪の長い女と少女らしい。無表情な顔をこちらに向けている。晴天の昼間だからか、怖いとは思わなかった。行方不明の母子がいることは聞いていたので、

（もしや、あの下に……？）

Oさんは二つの首に近づいていった。その下は急峻な崖になっている。足元に注意しながら近づいて、谷底を見下ろすと、女性と子供の遺体が転がっていた。

視線を空中に向ければ、いつしか二つの首は消えていたという。

○

安中市在住で五十代の男性Sさんは、バイクの愛好家である。八月の夕方、少し近場を走ってみたくなって、妙義山へ行くことにした。県道一九六号線へとバイクを走らせる。富岡市妙義町に入り、妙義神社や〈道の駅みょうぎ〉の前を通過して、カーブの多い山道を登ってゆく。やがて甘楽郡下仁田町に入った。

群馬県の夏の暑さは過酷で、日中にバイクで走るのは大変な苦痛を伴うものだが、日差しが弱まり、標高を上げたことで気温が低くなってきている。山風が心地好《よ》かった。灰色をした険阻《けんそ》な峰々が、間近に迫ってくる。

標高およそ七二〇メートルにある中之嶽《なかのたけ》神社に到着すると、バイクを広い駐車場に駐めて参拝した。轟岩《とどろきいわ》を御神体とするこの神社には、本殿がない。また、境内には高さ二十メートル、重さ八・五トンの〈だいこく様〉の像が建てられている。右手に小槌ではなく、剣を持った黄金の像で、〈日本一のだいこく様〉とのことだ。

既に午後六時を過ぎていた。Sさんは速やかに参拝を済ませると、さらに県道一九六号線を進んで、今度は山を下っていった。このあとは国道二五四号線へ出て、下仁田町の中心街を通過してから北上し、安中市の自宅へ帰ろうと考えていた。

　山道が薄暗くなってきている。バイクのライトを点灯させた。

　しばらく急なカーブが続く。その一つを難なく曲がると、カーブの向こうに光線が見えた。車のヘッドライトであろう。エンジン音も聞こえてくる。ゆっくりと走っていることが、ヘッドライトの動きから読める。時速二十キロ程度しか出ていないようだ。

　Sさんのバイクは、その車よりも明らかに速度が出ていた。たちまち追いつくだろう、抜いてしまおう、と思っていたのだが……。

　一向に追いつけない。しかし、依然として、カーブの先の木立や岩壁を光線が照らしているし、このバイク以外のエンジン音も聞こえてくる。

（おっかしいな……。何で追いつけねんだんべえ？《ないんだろう》）

　訝《いぶか》しく思い始めたときのことであった。カーブの一つを曲がり切った瞬間――。

　目の前に巨大な岩が現れた。高さが十メートルはあろうかという、五角形をした山のような巨岩が、道路を完全に塞いでいた。

（危ねえっ！）

　肝を潰すとは、まさにこのことである。直進すれば巨岩に激突してしまう。Sさんは慌てて急ブレーキをかけた。バランスを崩して転倒しかけたが、辛うじてバイクを停止させることに成功した。このとき、一瞬、爪先を着地させた路面に目を向けたので、巨岩から視線を逸《そ》らしていた。

（道路に、何で、あんな岩が……？）

ところが、再び前方を向くと、巨岩は消えていた。バイクのライトが照らす先にそれはなく、道路が続いている。

（何だったんだ、今のは？　一体？）

Sさんは怖《お》ず怖《お》ずとバイクを発進させた。先行する車のヘッドライトは見えなくなっていた。エンジン音も聞こえない。その辺りには脇道も民家もないのだが、とうとう最後まで、件の車には追いつけなかった。

春や秋に安中市磯部から妙義山を望むと、蜃気楼が観測されることがある。どこか怪物の巣窟を思わせる岩山の上にもう一つ、同じ山影が浮かぶのだという。だが、日中に何キロも離れた場所から、山を望んだ場合に確認できるものであって、夜間に至近距離で幻影が見えるわけではない。

それから五年ほど経つが、Sさんはあれが何だったのか、今も気になっているそうだ。

神と陰陽の山（妙義山）

安中市中野谷《なかのや》の天神原《てんじんはら》遺跡は、妙義山から東へおよそ十キロ離れた河岸段丘上より発掘された、縄文時代中期から晩期の遺跡である。同じ縄文時代でも、中期末葉から後期前葉にかけては集落の跡が、後期中葉から後葉にかけては配石墓群が出土している。後者は墓のほかにも立石を伴う眼鏡状配石遺構と方形配石遺構が造られており、儀礼や祭祀の場だったと考えられているという。

中でも三つの長くて大きな石が、妙義山に向かって立てられている。この場所からは、春分の日や秋分の日に、妙義山の中心となる金洞山《こんどうさん》（中之嶽）に日が沈む光景が認められる。また、妙義山の南西、富岡市にある神奈備型《かむなびがた》（端正な円錐形）をした大桁山《おおげたやま》には、冬至に日が沈む光景を目にすることができる。さらには前述の〈磯部蜃気楼現象〉も観測できる場所なのだ。そのため、妙義山や大桁山は縄文人にとって、天上にある死後の世界を想起させる〈神の山〉と考えられていたらしい。

そして、おそらくは暦の原点となる月日の数え方を知っており、冬至を一年の終わりと考えていたようである。日は少し異なるが、現代でいう大晦日であろう。その日は周辺の村から人々が集まってきて、何らかの行事が催されていた可能性もあるそうだ。

では、一体、どのような行事が行われていたのだろうか？

男性同士、女性同士が一対一で何らかの力比べ、技比べをして、勝ち抜いた者がその年の覇者として称賛されるとか、あるいは男女別のチームに分かれて歌を唄い、どちらが上手《うま》いかを競うとか、意外と現代の日本人に近いことをやっていたのかもしれない。

いや、これは私の勝手な憶測なのだが……。

ただ、遙かなるいにしえから、妙義山が信仰の対象とされてきたことは事実である。


さて、ここからが本題となる。

私の編著『群馬怪談　怨ノ城』（竹書房怪談文庫）の共著者の一人で、私が主催するイベント「高崎怪談会」に語り手として出演して下さっている堀内圭さんが、既に物故したEさんという知人男性から、二〇一〇年頃に聞いた話だ。

当時、Eさんは五十代後半くらいで、山岳信仰に傾倒し、山伏となっていた。

一方、堀内さんは登山が大嫌いである。それは小学生のときに親戚の人たちと妙義山へ行き、第一から第四まである石門群を潜《くぐ》って、〈蟹の横這い〉や〈たてばり〉と呼ばれる、鎖が設置された岩壁を登らされたためだという。落下すれば死ぬことを自覚し、激しい恐怖心を植えつけられた。五十三歳になった今でも、自ら進んで高い山へ行くことはないそうだ。

石門群は初心者コースだが、Eさんはさらなる難所や奇岩が多い妙義山中で、よく修行を積んでいたらしく、

「己の肉体を極限まで追い込めば、物《もの》の怪《け》にも負けない神通力《じんずうりき》を得ることができるのだよ」

と、力説していた。

二〇〇〇年頃、晩春のこと。

Eさんは、夜明け前の午前三時頃から頭にヘッドランプを装着して、山伏の後輩に当たる男性Nさんと、奇岩の峰を目指して登山道を登っていった。しばらくすると——。

カシン！　カシン！　カシン！　カシン！

と、どこからか、金属音が聞こえてくる。

「何の音ですかねえ？」

後輩のNさんが言う。彼はEさんよりも大柄で、空手と柔道の有段者であった。

「わからねえ。でも、行ってみようぜ」

修行で心身の鍛錬は積んでいるし、頼もしい後輩もいるので、何が出てきても負ける気はしない。二人はヘッドランプの灯りを頼りに、金属音が聞こえてくる方角へ足を向けた。

登山道から逸れて、木立の中に入ってゆく。

ガッシィン！　ガッシィン！　ガッシィン！　ガッシィン！

金属音が間近に迫ってきたとき、二人は周囲の異常に気づいた。木々の幹に黒い靄が掛かっているのだ。高さ一五〇センチから一七〇センチほどの位置にかけて、蛇のように巻きついている。

「何だ、こいつは？」

Eさんは立ち止まると、四方の木々に灯りを向けてみた。ミズナラ、ケヤキ、杉など、ほとんどの木に同じ靄が絡みついている。

「ちっと少《しず》っつ動いてますね！」

Nさんが靄に向かって、手にしていた錫杖《しゃくじょう》を伸ばす。つついてみようというのだ。しかし、黒い靄は錫杖を伝わってきて、Nさんの手に達すると、その上腕まで包み込んでから消滅した。Nさんの体内に入り込んだようにも見えたという。

「うおっ？　消えた？　どこへ行った？」

Nさんがやや大きな声を出すと、金属音がやんだ。

そして木々の茂みの間から、物音を立てることもなく、黒いモノが現れた。それは長身のNさんよりも背が高くて、二メートル近くありそうな、人の形をした黒い影であった。

一見、長身で痩せ型の男が、黒装束を身に纏《まと》っているかのようである。

(むっ……)

出し抜けに出現した異様な相手を前にして、Eさんは声を呑んだ。Nさんも同様であった。とはいえ、たじろいだのは一瞬のことで、二人ともすぐさま黒いモノを睨みつけた。

相手は脳天から手足の先まで真っ黒だったが、頭部の真ん中に白く光る丸いものが二つだけあり、それが両目のようであった。

日頃の修行の成果を試すには持ってこいだ——とばかりに、Eさんは真言の呪文を唱え始めた。Nさんも同調して、呪文を唱え始める。

黒いモノは、ぶるぶるっ、と身体を震わせ始めた。

(よし！　効いているな！)

Eさんは手応えを感じて、相手を睨みつけたまま、呪文を唱え続けた。

けれども、相手は逃げも隠れもせず、同じ場所に立ち続けている。

二対二の睨み合いが長く続いた。EさんもNさんも、逃げることは考えなかった。

(こんな得体の知れない奴に背中を見せるのは危険だ。それに、絶対に祓《はら》えるはずだ！)

Eさんは、勝てるものと確信していたという。

緊迫した睨み合いは、三、四十分も続いたろうか。だが、日の出が近づき、東の空が明るくなってくると、黒いモノは静かに消えていった。

「勝ちましたね！」

Nさんがうれしそうに笑う。

二人はその日、夕方まで修行を続けた。そして駐車場で解散し、各自の車で帰ったのだが、Eさんにとっては、それがNさんと言葉を交わした最期になったという。

帰宅途中にNさんは交通事故を起こして、即死してしまったのだ。見通しの良い直線道路で、いきなり反対車線に飛び込んで対向車と激突したのである。

「勝ったと思ったが、負けていたのだ。Nのことは、本当に残念だった。……そのあと俺は、猛烈な修行を積んできた。だからこうして、物の怪に食われることなく、生きている」

Eさんが語り終えたところで、堀内さんは、例の黒いモノはどうなったのか、と訊ねた。

「あれっきり遭ったことはない。まだ妙義のどこかにいるのではないか。陰と陽があるからこそ、あの山は成り立っているのだろう」

Eさんはそう答えたが、それから数年後に突然、病没してしまった。

参考文献　『磯部蜃気楼の謎 ——雷と蜃気楼と神と人——』安中市ふるさと学習館　編集・発行

嫌われ者（妙義山）

Vさんは現在五十がらみの男性で、若い頃は〈走り屋〉であった。夜の山道で仲間たちと、それぞれの愛車を駆《か》って、レースまがいのことをやっていた。

ただし、どうしても行けない山があった。それは夜の妙義山だという。

朝から夕方までなら、何の問題もなく、表妙義も裏妙義も奥地まで行くことができる。だが、助手席に仲間を乗せて、初めて夜に行こうとしたときは、山に近づく前から道に迷ってしまい、同じ界隈を何周も巡り続けていることに気づいた。何度も通ったことがある道だし、迷うほど難しい場所があるわけでもないのに、どこをどう走っているのか、さっぱりわからなくなってしまった。まだカーナビゲーションシステムが普及する前の時代だったので、仲間に地図で道筋を調べてもらおうとしたが、

「俺、急に気分が悪くなってきた……」

仲間がそう訴えて、地図を見ることさえできなくなった。

「駄目だ。今夜は帰《けえ》るんべえ」

と、Vさんが断念すると、すんなり家まで帰ることができたそうである。

次に、走り屋仲間たちと車三台で行こうとしたときには、山の麓まで来たところで、
ドオオン！　ドオオン！　ドオオン！

と、巨大な岩でも落下してきたような音が、車の屋根の上から響いてきた。

そして三台とも同時にエンジンが止まってしまった。皆、車から降りて四方を見回したが、土砂崩れは起きていなかったし、雷も鳴っていない。エンジンが爆発したわけでもなかった。修理業者を呼び、車を修理工場まで運んでもらうと、エンジンは何事もなかったかのように動き出したという。

ところが、Vさんがいないときは、その仲間たちも、夜でも問題なく、妙義山の奥地まで行ける。そこであるときVさんは、自分の車ではなく、仲間の車に乗せてもらって、夜中に妙義山へ行ってみることにした。けれども、山道を登り始めてまもなく、仲間の携帯電話が鳴った。父親からである。仲間は車を停めて電話に出ると、少し話をしていたが、

「祖父ちゃんが危篤になった。親父がすぐに帰って来《こ》う、って言ってるんだ」

と、引き返す羽目になった。

Vさんと同行した者たちも、その夜は悉《ことごと》く、奥地までは行くことができない。同行しな

いときは夜でも簡単に行ける。その理由はわからなかったが、誰もがVさんと一緒に妙義山へ行くのを避けるようになった。

行けないとなると、逆に行きたくなるもので、カーナビゲーションシステムが普及してから、Vさんは深夜に単独で妙義山へ行こうとしたことがある。しかし、このときも山道を登り始めた途端、唐突に耳元で笛や太鼓の音が響き始めた。それが、とにかくうるさい。

(何だよ、これは？)

Vさんは車を停めて降りてみた。夜空には無数の星が煌《きら》めいていたが、その星空から笛と太鼓の音色が盛大に聞こえてくる。周りを見回しても、深夜の森で楽器の演奏に興じている者たちなどいない。にも拘らず、その音は大きくなる一方であった。耳が痛くなるほどの大音響となり、このまま聞いていたら、気が狂いそうだ。Vさんは不承不承《ふしょうぶしょう》、車をUターンさせて、来た道を引き返した。妙義山から離れると、大音響は嘘のように治まった。

ところで、妙義山の麓にある妙義神社には、本殿の裏手に天狗社がある。

「夜の静かなときに、俺みてえな走り屋が来るのを、天狗が嫌がってるんじゃねんかな」

というのが、Vさんの持論だが、ほかの走り屋たちは苦もなく行けるので、不可解でならなかった。彼は年を取ったこともあり、ほどなく走り屋を引退したという。

化かされた男（迦葉山《かしょうざん》）

沼田市の迦葉山《かしょうざん》は、標高一三二二メートル、天狗信仰の山として知られている。山の中腹に龍華院弥勒寺《りゅうげいんみろくじ》という古刹があり、参詣客に〈お借り面〉と呼ばれる天狗の面を貸し出している。借りて帰った者は翌年、新しい面を麓の売店で買って、前年の古い面と一緒に奉納する。そして前年よりも大きな面を借りてきて、翌年また新しい面を買い、一緒に奉納する。それを毎年繰り返すことで、天狗の加護を受けることができる、という習わしがあるのだ。

カーナビゲーションシステムが普及する直前の、天気が良い、九月の日曜日のこと。同じ群馬県内だが、沼田市からは遠く離れた市に住む中年の男性Fさんは、妻と小学生の娘二人を連れて車で外出した。目的地は迦葉山である。

「ねえ、お父さん。天狗って、本当にいるん？」

九歳の次女からそう訊かれて、Fさんは笑った。

「いやしないよ。想像上の妖怪さ」

「じゃあ、何で天狗がいる、っていう山まで行ぐん？」

「そうさなぁ……。まあ、ただの観光だよ」

関越自動車道（高速道路）を沼田インターチェンジで降りて、県道二六六号線を北へと進む。田畑やリンゴ園が多い集落の中をしばらく走って左折すれば、迦葉山への登山道路に入れるはずであった。入口となる曲がり角には、進路を示す道路標識がある。Fさんは独身の頃に一人で来たことがあるので、道筋はよく知っていた。

ところが、そろそろ入口が見えてくるだろう、と思われたとき、

「ガハハハッ！　ガハハハハハハハハッ！」

という高笑いが、脳裏に直接響いてきて、Fさんを仰天させた。

「何、今の声？」

「やだ、怖い！」

妻と長女にも聞こえたようで驚いている。

「何？　何のこと？」

次女にだけは聞こえなかったようだが……。

そこから異変が発生した。

あるはずの曲がり角が見つからない。

集落がなくなって、上り坂となり、別の山に近づいていることがわかった。迦葉山よりも北にある玉原高原《たんばらこうげん》へ向かっているらしい。Fさんは車をUターンさせて引き返した。今度は右折することになる。

道路と周りの景色をよく見ていたのだが、またしても入口が見つからず、関越自動車道の近くまで戻ってしまった。妻子も注意深く道路と景色を見ていたのに、誰も気づかなかったのである。また引き返して、都合四度も同じ道路を往復したものの、とうとう曲がり角を見つけることができず、玉原高原の近くまで来てしまった。

迦葉山へ行くのは諦めて、玉原高原へ行ってみた。そこには広大なラベンダーパークがあるのだが、ラベンダーの花は既に花期が終わって、閉園となっていた。帰路も迦葉山への入口は見つからず、落胆して家に帰る道中、Fさんは妻と長女から文句を言われた。

「お父さんが、天狗のことを〈いやしないよ〉なんて、言ったからよ」

「そうそう。〈ただの観光〉とか言ったから、きっと、天狗様が怒ったんだいね」

おまけに、それだけでは済まなかった。

翌日、このできごとを職場で語ったところ、Fさんは同僚たちから〈天狗に化かされた男〉と呼ばれるようになったそうである。

沼田の天体観測（沼田市）

群馬県内で市制が敷かれている自治体としては、最も北に位置するのが沼田市である。利根川と支流の片品川《かたしながわ》、薄根川《うすねがわ》が形成した河岸段丘の上に市街地があり、城下町の古い町並みが残されている。そして周囲には山が多い。

一九八〇年代、沼田市在住の男性Tさんが、小学五年生のときのこと。

Tさんが通う小学校の担任教師だったK先生は、天文学とＵＦＯに興味を持っていた。当時、二十代の半ばで独身だった彼は、よく児童たちを愛車に乗せて、沼田市内の山へ天体観測に連れていってくれたという。

中でもTさんと四人の仲間が先生のことを慕《した》っていて、月や星を観るだけでなく、ＵＦＯを必ず見つけてやろうと、意気込んでいた。日没後に皆で出かけるのはとても楽しくて、流れ星や人工衛星が動いているのを発見しては、

「あっ！　あれ、ＵＦＯじゃないか？」

「違うだんべえ！」

「ＵＦＯだったらいいんに！　先生、どう思いますか？」

「そうだねえ。ははははは……」

常にそんな感じで、はしゃいでいたそうである。

その晩も山の上へ行き、美しい星座を沢山観ることができた。やがて帰宅する時間になると、いつものようにK先生がそれぞれの自宅まで順番に送ってくれる。Tさんは最初に降りることになっていた。自宅の前で車から降りたのが、午後九時頃のことであった。

Tさんはふと、夜空に浮かぶ物体に気づいた。

土星のような輪を持った、バスケットボール大の球体が青白く光っていたという。高さは地上から数百メートルしか離れていないように感じられる。まるでこちらを観察しているかのように静止していたが、急にジグザグに飛び回り始めた。

「UFOだ！」

Tさんが指差すと、K先生やほかの児童も車窓から顔を出して上空を仰いだ。すると、土星形をした物体が、先程までいた山のほうへ移動を始めた。

「追いかけてみよう！」

K先生が色めき立つ。

Tさんはもう一度、車に乗せてもらった。

こうしてUFOの追跡が始まったのだが、地上にはほかの車も走っているし、赤信号では停まらなければならない。K先生が運転する車は一時、引き離されそうになった。

しかし、UFOが空中に停止したり、飛行速度を落としたりするので、どうにかついてゆくことができた。その後もUFOは山のほうへ移動していったが、追跡するK先生の車が遅れる度に飛行速度を落とす。

「待ってくれてるみたいだね！」

Tさんが言うと、K先生も仲間たちも「うん、うん」「そうだいね！」と頷いた。

UFOは待っている間に、同じ場所で〈ジグザグ飛行〉を見せることもあった。

そしてついに、一行がいつも天体観測をしている山の上まで来ると、停止した。

そこでK先生やTさんたち全員が、車から降りて上空を見上げれば、UFOは、
ピカピカピカピカッ！

と、ひと際明るい七色の光を発した。

それから超高速度で、夜空の彼方へと上昇してゆき、見えなくなった。

Tさんたちには、UFOが最後に発した七色の光が、「さようなら！」というメッセージだったように思えたという。

山菜地獄　（戸神山、高王山）

私の編著『群馬怪談　怨ノ城』の共著者の一人であり、私が主催しているイベント「高崎怪談会」にもよく出演して下さっている、霊能者で浄霊師の江連美幸さんから聞いた話である。

二〇一三年、江連さんが霊能者や浄霊師の仕事を始めて、三年目のことだという。ほかの客からの紹介で、一組の中年夫婦が群馬県内にある江連さんの事務所へやってきた。

妻のCさんは青ざめた顔をして、「お願いします！」と早く話を聞いてもらいたくて仕方がない様子だったが、夫のZ氏は、ぶすっとした顔つきで窓の外を眺めている。

「困っているんです、ほんとに……」

Cさんはそう言ってから、Z氏を睨むような目つきで一瞥《いちべつ》した。

それからCさんは江連さんに向かって、こんな話をしたそうだ。

この夫婦は、週末に山菜を採りに行くことを趣味にしている。Z氏はそれに加えて、肥満を防ぐ目的から、頻繁《ひんぱん》に自転車で山へ行くらしい。夫婦は沼田市戸神町《とかみまち》、石墨町《いしずみまち》、下発知町《しもほっちまち》に跨る戸神山《とかみやま》と、その北に連なる発知新田町《ほっちしんでんまち》の高王山《たかおさん》が気に入って、よく散策に出かけていた。

戸神山は、標高七七一・六メートル、関越自動車道（高速道路）からも望むことができる、ピラミッド形をした里山である。かつては金を産出した鉱山で、石尊山や三角山とも呼ばれ、山の神が棲み、恵みの雨を降らせる霊山として、地元の人々に信仰されてきた。岩場の上に山頂があり、周りに木々が生えていないことから、四方の山々や町並みを思うさまに見渡すことができる。その眺めは、壮観のひと言に尽きるだろう。

高王山は、標高七六五・九メートルで、戸神山から尾根伝いに山頂へ行くことができる。山頂から景色を望むことはできないが、全山が豊かな広葉樹の森に覆われている。

ちなみに私のペンネームは、直木賞作家で日本における動物文学の第一人者とされる戸川幸夫先生に肖《あやか》ってつけたもので、読み方は「とがみ」と濁点をつけており、この地域や山との深い関連はない。ただし、戸神山には登ったことがあり、気に入っている。

さて、この二つの里山では、毎年春になると、方々から老人たちが集まってきて山菜を採る、高齢化社会を象徴するような光景が目につく。

五月のこと。Z氏とCさん夫婦は、いつものように山菜採りを始めたのだが、この日はほかの採取者があまりにも多かった。静かな山でのんびりと山菜採りを楽しむ、という風情のある状況ではない。目ぼしい山菜も既に摘まれていて、なかなか見つからなかった。それに嫌気が差したようで、Z氏がぶっきらぼうな口調で言った。

「違う所へ行ぐべえや！」

夢中になって山菜を探しているCさんにはかまわず、一人で勝手に歩いていってしまう。

Cさんは慌てて跡を追いかけた。

やがて登山道から分岐する枝道の入口らしきものがあり、Z氏がそこに入って手招きをするので、Cさんもついていった。そこにはタラの芽やワラビ、コゴミ、フキノトウなどの山菜が豊富に生えていた。ほかの採取者はいないし、絶好の採取スポットである。

（シーズンの真っただ中で、こんなに生えているのに誰もいないなんて……。おかしいな）

Cさんは少し怪訝に思った。

しかも、快晴の暖かい日だというのに、日差しが木立に遮られていて、薄暗い。肌寒くて、湿った感じがする場所であった。

「おうい！　こっちにいっぱいあるぞう！」

Z氏が大声で呼んでいる。

Cさんが行ってみると、広場のような草地があり、沢山の山菜が生えていた。

（日当たりが悪い場所なんに、こんなに山菜があるなんて、ますますおっかしい）

と、Cさんは思ったが、Z氏は夢中になって採取している。

Cさんは気が進まなかったものの、やむなく山菜を摘んでいった。反対すれば、Z氏が不機嫌になりそうで、喧嘩になるのが嫌だったのである。

しばらくして、Cさんが広場の奥のほうを見ると、木漏れ日が差している場所があり、陽光が小さな赤い社《やしろ》らしきものを照らしていた。先程までそのようなものはなかったはずなので、不思議に思ったそうだ。

(気づかなかっただけかな?)

山菜は沢山採れた。帰ることになり、来た道を引き返す途中、それまでとは打って変わって生暖かい風が吹いてきた。風が身体に纏わりついてくるように感じられる。これまでに経験したことのない感覚で、気分の良いものではなかったという。

「あそこ、何だか嫌な感じのする場所だったんよう。食べても大丈夫なんかねえ?」

自宅に帰ってきてから、Z氏に打ち明けると、

「くだらねえ! たことこくない《馬鹿なことを言うな》!」

Z氏は〈上州名物〉の雷を落とすような剣幕で、Cさんを怒鳴りつけた。Cさんは逆らえず、渋々、採ってきた山菜を調理せざるを得なかった。調理した山菜は、自分たちが食べる分のほか、近所に住んでいる娘の一家にも分け与えることにした。

だが、それだけではなかった。Z氏は山菜を根ごと引き抜いてきていたのだ。

「植えてみて生えてくりゃあ、ハア《もう》、採りぃ行がなくって《採りに行かなくても》、済むだんべえからな《済むだろうからな》」

Z氏は、それらを裏庭に植えたそうである。


ところが、次の日。

Cさんが山菜を植えた裏庭の様子を見に行くと、幸い山菜は枯れてはいなかった。けれども、ほかの状況が一変していた。苔が、地面一帯を埋め尽くすように生えてきている。これまで裏庭に、苔はほとんど生えていなかったのだ。

訝しく思ったCさんは、Z氏が仕事から帰ってくるなり、すぐに伝えたのだが、

「そんなもん！　苔なんか、放《ほ》っときゃあいんだ！」

と、吐き捨てるように言われた。


それから五、六日が過ぎた。冷蔵庫で保存してあった山菜も、そろそろ食べ終わろうかという頃になって、家族全員の体調が悪くなってきたという。

最初は娘夫婦と孫二人が、次にCさんが高熱を出して寝込んだ。数日経つと熱が下がってくるのだが、完治せずにまた高熱が出る。あるいは一人が良くなってくると、別の一人

が体調を崩す。その繰り返しであった。病院で医師に診《み》てもらうと、「風邪でしょう」と言われたのだが、半月経っても同じ状態が続いているため、Ｃさんや娘夫婦は〈原因不明の体調不良〉と考えるようになっていた。

　ついにはＺ氏も高熱を出した。もっとも、一番症状が軽かったそうである。Ｚ氏は数日で回復したので、休日になると、安静にしていなければならないＣさんをほったらかして、外出した。ロードバイク用の自転車で、戸神山と高王山の近くまで行き、山道を走る予定であった。

（時季外れだけど、まだ山菜がちったぁ《少しは》採れるかしんねぇな《かもしれないな》）

　派手な専用のウエアを着て、自転車のペダルを漕ぐうちに、山菜を採った場所の近くまでやってきた。今は自転車に乗って山道を走りたいので、あとでまた来ようと思い、カーブを幾つか曲がった。やがて車があまり通らない細い道路へ出たところで、少し休もうと自転車を停めると、スポーツ飲料を取り出して飲み始めた。

　そのとき、Ｚ氏は道路の反対側にカーブミラーがあることに気づいた。新しいのか、鏡の部分が綺麗に輝いている。ふと、Ｚ氏は、

（ふふふ……。幾らか痩せて、若返ったかな？）

　運動の効果を確認したくなって、カーブミラーを仰いだ。煌びやかなウエアに身を包ん

だ自身の姿が映っている。

その斜め後ろにもう一人、何者かが立っていた。

人間のようだが、姿形が崩れている。白い影が、ぐにゃぐにゃと揺れ動いていた。煙や靄ではない。よく見れば、白い衣を着た人間らしい姿をしている。

（むっ！　誰だっ？）

Z氏は愕然とした。近くには誰もいないと思っていたからだ。即座に振り返ったが、背後に他人の姿はない。

もう一度、カーブミラーを注視すると、やはり白い人影が斜め後ろに立っている。年齢も性別もわからない。ただ止まることなく揺れ動いていた。

（何だい、あら《あれは》あ？）

Z氏は気味が悪くなって、速やかにその場から離れた。自転車で一気に山道を駆け下りる。不快な気分を抱えたまま帰宅すると、部屋に駆け込み、閉じ籠もってしまった。

そして実は、Z氏が揺れ動く人影を見ていたのと同じ時間帯に、Cさんもそっくりなモノを目撃していたのだという。

「見たのは、裏庭でしょう」

江連美幸さんが脳裏に浮かんだことを告げると、

「えっ！」

Cさんは絶句した。

それまで外方《そっぽ》を向いていたZ氏も、目を剥いて、江連さんのほうを見る。

「今、裏庭は、前よりも苔がびっしりと生えているでしょう」

「はい、はい。仰る通りでして……」

か細い声で、Cさんが何度も頷く。

人影は家屋の窓越しに見えたのだが、裏庭へ行ってみると、消えていたそうである。

「みんなの体調が悪くなってから、一ヶ月が経つんです。あたしはまちがいなく、あそこで山菜採りをしたのが原因だろうと思っています。苔も、ぐにゃぐにゃした人間が出てきたのも、きっとそうです。主人も、本当は気づいているんです。……あたしたちはともかく、娘夫婦と孫たちのことだけは、何とかしてあげたいと、思いまして……。この上、大怪我でも、するような、ことがあったら……あたしは、あたしは、もう……」

Cさんは泣き出してしまった。

「御主人は、お気づきですよね。山の神様を怒らせた、ってことを」

江連さんの問いかけに、Z氏はばつが悪そうに顔を歪めたが、黙っていた。

代わりにCさんが泣きやんでから答える。

「はい……。主人は、あたしには、あとから何もかも、話しました。……あの、ぐにゃぐにゃした人影を見た日、家に帰ってきてから部屋に閉じ籠っていると、うとうとしちゃったそうなんです。……その夢の中に、山が出てきた、っていうんです。どこの山かは、わからないのですが……」

薄暗い森の中に、山伏の出で立ちをした男が立っている。それが奇妙なことに、白髪頭の老人にも、精悍な中年の男にも見える。その山伏が、じっとこちらを睨みつけていた。それだけの夢だったが、目が覚めてからZ氏が夢の内容を反芻《はんすう》したところ、山伏が立っていた場所には、苔がびっしりと生えていたことに気づいたという。

「それが、山の神様です」

江連さんは、穏やかな口調で説明を始めた。

「とにかく、食べてしまったものは、もう仕方がありません。裏庭に植えた山菜を全部、根っこから抜いて下さい。それを例の山の、山菜を採った場所の入口まで持っていって、植えてきて下さい。くれぐれも、道には入らないように。あとは、手を合わせて、お辞儀をして、申し訳ございませんでした、と心から謝ってきて下さい。いいですか。裏庭には、私が渡す塩と米と酒を撒いて下さい。それで万事、上手くゆくはずです」

翌日、Z氏とCさんの夫婦は、早速、言われた通りのことを実行した。その結果、家族全員が体調不良から回復して、裏庭の苔は急速に枯れてきたという。

後日、Cさんだけが、江連さんの事務所へ事後報告と御礼を兼ねて訪ねてきた。

「もう山菜採りは懲り懲りですよ」

と、苦笑していたが、その顔色は見違えるまでに良くなっていた。

「それにしても、何であの場所だけ、誰も山菜採りをしていなかったんでしょうか?」

「そこは地元の人や、土地勘のある人なら知っている、昔からの〈禁忌の場所〉なのです。どの山にも〈禁忌の場所〉があるものです。そこでは生き物や鉱物を採ることはもちろんですが、立ち入ることさえ駄目なんです。今でも神聖な場所なんですよ」

（注）……禁忌の場所以外でも、山には土地の所有者がいることが多く、無断で山菜やほかの植物を採取してはならない。また、高王山では、ツキノワグマが頻繁に目撃されているため、入山はあまりお勧めしない。

魔ノ山の奇跡（谷川岳）

谷川岳は、群馬県利根郡みなかみ町と新潟県南魚沼郡湯沢町との県境に聳《そび》える三国《みくに》山脈、谷川連峰の一つで、〈オキの耳〉と〈トマの耳〉からなる双耳峰《そうじほう》である。どちらも標高二〇〇〇メートル弱と、格別に高い山ではないが、みなかみ町の一ノ倉沢やマチガ沢、幽ノ沢は断崖絶壁が連なり、天候の変化も激しい。その上、昭和の戦後期には空前の登山ブームがあり、首都圏から近いため、未熟な登山者が多数訪れた結果、遭難事故が相次いだ。死者数は、八〇〇名を優に超える。これは圧倒的な世界最多のワースト記録で、〈人食い ノ山〉〈魔ノ山〉の異名を持つ。

ただし、急峻な岩場の登攀《とうはん》に挑んだり、困難な冬場の登山を行わなければ、遭難する危険は少ない。麓には温泉街があり、JR土合駅近くからロープウェイで標高一三一九メートル付近にある天神平駅まで行くことができる。

谷川岳天神平スキー場は、この駅を起点として、標高一五〇二メートルの天神峠と、標高一四四九メートルの高倉山に、それぞれ上級、中級、初級などのコースが造られている。

高崎市在住の女性Wさんは、スキーを始めたばかりの頃に、このスキー場へ行った。ロープウェイの天神平駅から、リフトに乗って初級コースへ向かう。

朝から雪が降り頻《しき》って、強い風も吹いていた。生憎《あいにく》の吹雪だが、スキーができないほどではなかったので、Wさんは何度か転びながらも、懸命に滑っていたという。

（せっかく来たんだし……。沢山練習して、早く上達したいものね）

その一心であった。

再びリフトに乗って、山の上へと向かう。吹雪がだいぶ激しくなってきた。風に舞い踊る雪で視界が悪いばかりか、呼吸もし難いほどであったが、Wさんは必死に滑り続けた。練習の成果が出て、滑走する速度が上がってくる。

すると——。

突如として前方に人影が現れた。両手を広げて、通せん坊をするかのように立っている。

（わっ！　ぶつかるっ！）

人影は長身で、紺色のスキーウエアを身に着けていたが、フードや帽子は被っておらず、ゴーグルも装着していなかった。剥き出しの顔に雪が当たっている。若い男らしい。

Wさんとの距離は十メートルほどしか離れていなかった。これでは止まりたくても止まれない。Wさんは進路を右横に向けて避《よ》けようとしたが、上手くゆかずに転倒した。

しかし、降り積もった新雪の上に倒れたので、怪我はせずに済んだという。

（危ないなぁ！　どういうつもりなんさぁ！）

Wさんは怒りを覚えながら立ち上がった。若い男が立っていたほうを振り返る。

だが、男の姿は見当たらなかった。

そしてこのとき、急に吹雪がやんだ。視界が開けてくる――。

見れば、男がいたはずの場所は、谷になっていた。人が立てる場所ではない。今、Wさんが立っている場所も、あと数メートル先は谷であった。

（えっ！　そんな……）

ぞくりと寒気を覚えながら覗いてみると、急斜面の崖が深い谷底まで続いている。

いつの間にか、コースから逸れていたらしい。囲いがあるわけではないので、まったく気づかずにいたのである。

（落ちたら、確実に死んでいたろうな……）

Wさんは、寒さと恐怖で震え上がった。

彼女がコースへ戻ると、また強風が吹いて、雪が降り始めた。コースの下にあるレストランへ着くまでの間、吹雪がやむことはなく、激しくなる一方だったので、この日はスキーをやめて引き揚げることにした。

あの男が何者だったのか、未だにわからない。けれども、彼が現れなければ、生きて帰ることはできなかったし、あの数分間だけ吹雪がやんだことも不思議だったという。

○

一九九〇年頃のこと。当時、二十代後半だった男性Nさんは、春の谷川岳、一ノ倉沢へ早朝から登山に出かけた。

雪に埋もれた登山道を一人で歩いて、下山する途中、昼過ぎのことである。

突然、地鳴りのような音がして、近くの斜面から大量の雪が落下してくるのが見えた。

(雪崩《なだれ》か!)

すぐに逃げようとしたが、とても間に合わない。

真っ白な雪の塊《かたまり》が、洪水のごとく押し寄せてくる――。

雪に追いつかれた瞬間、家族や友人たちの顔や声が、続々とNさんの脳裏に浮かんだ。

(みんな! 俺は死ぬよ……)

しかし、雪崩の規模は意外に小さく、Nさんは雪に埋もれかけたが、どうにか自力で脱出することができた。

（助かった！　ツイていたなぁ！）

Nさんは群馬県内にある自宅へ無事に帰ることができた。玄関のドアを開けると、

「大丈夫だったのね！　良かったぁ！」

妻が駆け出してきて、涙を流している。

やがて近くに住んでいる両親と妹が訪ねてきて、Nさんの無事を確認すると、妻と同じことを言い、大変な喜びようで帰っていった。

それからNさん宅の電話はひっきりなしに鳴ることになった。当時はNさんも、周囲の人々も、まだ携帯電話を所有していなかったのである。電話は友人たちからであった。皆、Nさんの無事を確認すると、

「良かった！　良かった！　ずっと気になってたんだいね！」

と、口々に言った。

実はこの日、妻も両親も妹も友人たちも、まったく同じ体験をしていた。ちょうどNさんが雪崩に遭った昼過ぎ頃に、はたとNさんの顔が脳裏に浮かんできたという。そして地鳴りのような音が耳元で聞こえて、

「みんな！　俺は死ぬよ……」

Nさんが悲しそうな顔をしながら、そう呟いたので、心配になって居ても立ってもいられなくなり、電話をかけてきたらしい。

なお、Nさんはこの日、谷川岳へ単独登山に行くことは、妻にしか知らせていなかった。友人たちの中には地元を離れていて、ここ数年、顔を合わせていなかった者もいたという。


だが、それから、およそ十年後。

Nさんは修験道に熱中するようになり、年の離れた先輩Eさんと、未明から妙義山に登って修行を行った。

その日の修行を終えて、Eさんと別れ、夕方、車で自宅へ向かう途中のことであった。

Nさんは、見通しの良い直線道路で大事故を起こして、即死してしまった。

妻をはじめ、家族や友人は悲嘆に暮れたが、今度は皆、警察から連絡があるまで、彼の死を知らなかったそうである。

報復の春スキー（志賀高原、横手山、草津白根山）

長野県の志賀高原には、数多くのスキー場が存在する。中でも横手山・渋峠スキー場がある横手山は、標高二三〇七メートル。長野県下高井郡山ノ内町と群馬県吾妻郡中之条町の県境に聳える峰で、スキー場がある場所としては日本一標高が高い。

志賀高原は平均気温が低く、五、六月まで雪が残ることから、春スキーの名所として知られている。主要道路である国道二九二号線の一部は、志賀草津道路や志賀草津高原ルートと呼ばれているが、冬の間は豪雪のため、群馬県側から行くことはできない。しかし、四月下旬に通行規制が解除されると、春スキーに訪れる人々の車が行き交うようになる。

群馬県太田市在住で四十代の男性Bさんも、毎年春になると現地を訪れていた。

二〇一七年、四月下旬のこと。

Bさんは春スキーを楽しもうと、その日の未明に用具一式を車に積んで自宅を出発した。上武道路（国道十七号バイパス）を通って、渋川市で国道三五三号線へ左折し、吾妻郡に入る。さらに中之条町で左折し、国道一四五号線を西へ向かう。未明はトラックが多いが、普通車は極めて少ない。Bさんはカーラジオを聴きながら快調に車を走らせた。

長野原町に入り、当時は完成前だった八ッ場《やんば》ダム（吾妻渓谷）を通過した頃であった。

不意に、

「ぐおおおおっ!!」

という奇声が、車内に響き渡った。

（何だ、今のは？）

ラジオから聞こえてきたのではない。車内の後部座席のほうから聞こえたのだ。それに、ラジオ番組の司会者による洗練された語り口ではなく、地の底から湧き上がってきたかのような、男の低い唸り声であった。

Bさんは慌ててバックミラーを覗いたが、後部座席には当然、誰もいない。

（何だや？　気持ち悪いな……）

だが、それ以外の異変は起こらなかった。

（山沿いだから、電波障害が起きたんかな？　それがラジオから流れてきたんじゃねんか？　後ろから聞こえたような気がしたけど、錯覚だったのかもしれないし……）

と、気にしないようにして、そのまま走り続けた。

やがて国道二九二号線へと進み、草津町に入る。ここから志賀草津道路となるが、草津白根山に不穏な火山活動が見られることから、夜間の通行は禁止されており、殺生河原付近に設置された〈殺生ゲート〉が閉ざされていた。これより万座温泉入口の三叉路までは、午前八時まで通行できないという。

ゲートの手前には、殺生河原ロープウェイ乗り場の広い駐車場があった。Bさんは車を駐車場に乗り入れ、仮眠をして待つことにした。そして午前八時にゲートが開くと、真っ先に通過した。

しばらく進めば、〈雪の回廊〉があり、道路の両側に高さ五、六メートルの雪の壁が続く。そこを通過すると、草津町から再び中之条町に入る。右手に小さな駐車場があって、〈日本国道最高地点。標高二一七二m〉と記された碑が建っている。

県境を越えて長野県に入ったBさんは、某スキー場の駐車場に車を駐めて、身支度を整え、ゲレンデに出て滑走を開始した。スキーヤーが多いゲレンデで一時間ほど滑ると、昼時の混雑を避けるため、早めにレストランへ向かった。

昼食後は、ほかのスキーヤーが少ない静かなコースを滑りたかったので、別のゲレンデへ移動した。そこでは不思議なことに、ほかのスキーヤーは一人もいなかった。

（うほっ！　珍しいこともあるもんだ。今日はプライベートゲレンデ状態だぜ！）

Bさんは歓喜した。

五月直前とあって気温が上がり、積雪は融《と》けて湿った状態になっている。また、逆に融けた積雪が夜間に固く凍りついた、アイスバーンと呼ばれる状態の場所もある。いずれもスキーに適した雪質ではないが、熟練者のBさんには問題なかった。ほかのスキーヤーがいないのを良いことに、気持ち良く、思うさまに滑り続けていたところ……。

滑走中、右手から忽然と、視界の隅に何かが飛び込んできた。

全身真っ青な人影らしきものが、腰の辺りに激突する――。

強い衝撃を受けて、Bさんは転倒した。それはラグビーの試合で、横からタックルを食らった選手が押し倒される状況とよく似ていた。おまけにそこは平坦なラグビー競技場ではなく、雪が積もった斜面である。

横倒しになったBさんの身体は激しく旋回し、湿った雪を撒き散らしながら、斜面を転げ落ちていった。雪にストックを突き刺して止まろうとしたが、上手くゆかない。

三十メートルほど滑落して、傾斜が緩く、積雪がどろどろに融けた場所で、ようやく止まることができた。スキー板の片方が外れている。Bさんは立ち上がろうとしたが、両手を突いて上体を起こそうとすると、左の肩から下がまったく動かないことに気づいた。

（まずいことになった……）

右手だけを突いて上体を起こす。懸命に立ち上がると、斜面を登って、外れたスキー板を探す。じきにスキー板は見つかったが、四方を見回しても、タックルを仕掛けてきた人影はどこにも見当たらなかった。

（どういうことだ？　確かにぶつかったんに……。錯覚だったのかな？）

けれども、簡単に転倒するほど雪質が悪いわけでもなかった。

Bさんは釈然としない思いを抱えながらも、靴をスキー板に嵌め込んだ。右腕の肘を曲げて二本のストックを脇に挟み、やっとの思いでリフトの乗り場まで滑っていった。

途中で左肩が熱を帯びて、痛みが襲ってきた。頭から冷や汗が噴き出し、鼓動の音が耳元から聞こえてくる。

リフトの係員の男性に事情を伝えると、相手は眉を曇らせた。

「これは……たぶん、折れていると思いますよ。救急車を呼びましょうか？」

救急車を呼んだ場合、長野県内の病院へ搬送されることになるという。

「……いえ、それでは……。車が、あるので……。一人だし……帰れなくなって、しまうので……自力で、帰ってから、家の、近くの、病院へ……行きます」

係員の男性は、Bさんの意思を尊重して応急処置を施してから、駐車場まで雪上車で送ってくれた。

Bさんの愛車はオートマチック車である上、左腕も少しは動かせるようになっていたので、どうにか運転することができた。もっとも、痛みは激しくなるばかりであった。

帰路、道路の継ぎ目にある凹凸の上を通過する度に、車がわずかに跳ねる。普段は何でもないことなのに、その都度、左肩に激痛が走り、悪寒や吐き気に襲われた。顔中を汗びっしょりにして耐えながら、地元の大きな病院まで車を運転していった。

早速、病院でレントゲン写真を撮ると、左肩の鎖骨が折れているので、手術が必要になるという。Bさんはゴールデンウイークが明けてから、折れた鎖骨にチタン合金のプレートを嵌め込み、骨を接合させる手術を受けた。それは無事に成功した。

その後、当分の間は不便な生活を強いられたものの、鎖骨は順調に回復していった。同時に、怪我をした直後には考える余裕がなかったことまで脳裏に浮かんでくる。

(あのとき、確かにタックルをされたんだ。絶対に錯覚なんかじゃなかった。青い人影を見た記憶もあるものな……。あれは一体、何だったんだろう?)

Bさんは無性にまた志賀高原へ行ってみたくなってきた。行けば何かがわかるかもしれない。いや、きっとわかるはずだ。

担当医からは「プレートを抜き取る手術は、来年の五月に行いましょう」と言われたが、

「もっと早くに抜いて下さい。僕にはやりたいことが……いえ、やらなきゃならないことがあるんです」

Bさんは翌年の同じ頃、同じ場所で、春スキーをやりたかったのだという。

(あの青い奴の正体を知りたい！　それに、今度は転ばずに滑り切りたいんだ！　あの日の無様な自分を超えたい！)

それは青い人影と、過酷な運命に対する報復《リベンジ》なのだ、と考えるようになっていた。医師に無理を言って、冬の間に左肩からプレートを抜き取ってもらった。


二〇一八年四月下旬の未明。Bさんは単独で自宅を出発し、一年前と同じ道筋を進んだ。

ところが、国道二九二号線を通って草津町に入ると、またもや殺生河原付近にあるゲートに行く手を阻まれた。しかも今回は、標高二一六〇メートルの草津白根山が火山活動によって有毒な硫化水素ガスを大量に噴出したため、終日通行止めになっていたのである。

(ええっ！　何てこった！)

Bさんはゲートの右手にある駐車場へと車を乗り入れた。彼は、車にカーナビゲーションシステムを搭載しておらず、普段はインターネットもあまり利用しないのだが、渋々、スマートフォンで地図のサイトを開き、迂回路を調べた。国道一四四号線で嬬恋村から長野県へ抜けて、小布施町や中野市を経由すれば、志賀草津道路の長野県側に出て、某スキー場まで行けるらしい。とはいえ、車で三時間近くもかかるようだ。

車内の時計は午前四時半を示していた。今なら道も空いているだろう。迂回することに、腹を決めた。その前にBさんは煙草を一本、吸いたくなった。車内で一服していると、いきなり――。

「ぐおおおおっ!!」

一年前に聞いたものと同じ、男の低い声が響き渡った。

Bさんは、火の点いた煙草を膝の上に落とさんばかりに驚いた。夜明け前の山奥にある駐車場で、周辺にはまるで人気《ひとけ》がない状況である。

(そういえば、今の声って、去年も聞こえたな! 考えてみれば、あそこで引き返していたら、あんなに痛い思いをしなくて済んだんだいなぁ……)

何者の声なのかは不明だが、凶兆のように思えて、極めて嫌な予感がしてきた。

(思えば、俺は去年の春から、山に棲む物の怪にとり憑かれていたのかもしれない)

この日も、ここまで引き寄せられてきたのではないか、と思えてくる。

(きっと、今日行ったら殺される……)

Bさんはすっかり怖気《おぞけ》立《だ》ち、迂回も報復も諦めて、太田市の自宅へ引き揚げたという。

第二部　全国の山

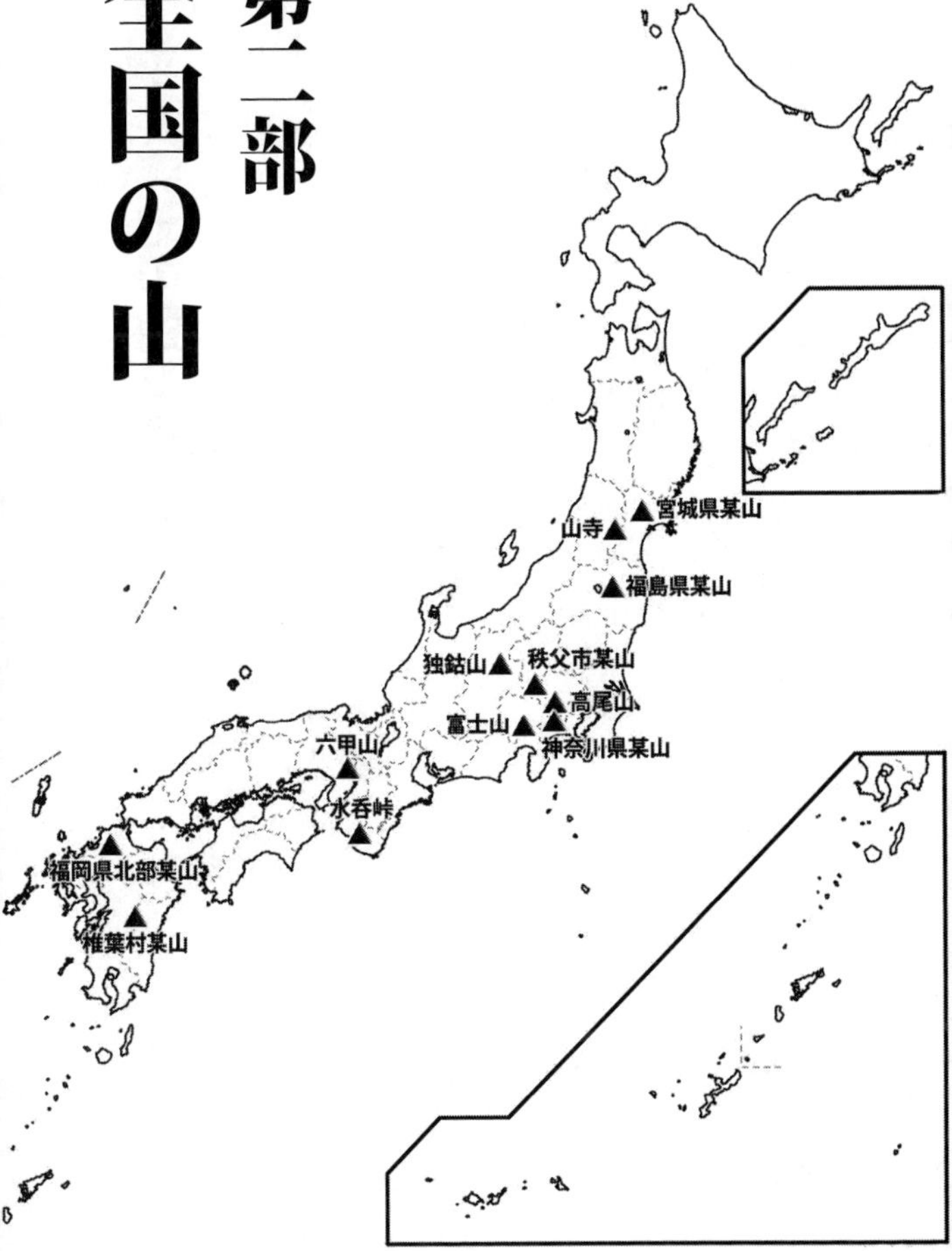
宮城県某山
山寺
福島県某山
独鈷山
秩父市某山
高尾山
富士山
神奈川県某山
六甲山
水呑峠
福岡県北部某山
椎葉村某山

平井寺《ひらいじ》池の贈り物（長野県、独鈷山《とっこさん》）

六十代の男性Eさんは、ゴールデンウイークが近づくと、思い出すことがあるという。

一九九〇年のこと。大手企業で若手社員として働いていた彼は、ゴールデンウイークを利用して、長野県上田市にある実家へ帰省した。すると父親から、

「明日は、独鈷山へ行かず？《行かないか》」

と、誘われて、十数年ぶりに父子で登山をすることになった。

「少し歩くぞ」

「大丈夫さ」

父親の言葉にEさんは笑って答えたが、のちに後悔することになる。

翌日、午前七時過ぎに二人は徒歩で自宅を出発した。

上田市の南部にある独鈷山は、標高一二六六メートル。高山が多い長野県においては、低い里山の部類に入るものの、険しい岩場があって、山容は群馬県の妙義山と似ている。かつては信仰の対象となっていた山だ。南面を起点とする宮沢コースや、北面を起点とする西前山コースから登る者が多いのだが、

「今日は平井寺コースで行《こう》かず」

父親が意外な提案をした。

山の東面を起点とする平井寺コースは、二年近く前に開通した平井寺トンネルの近くに登山口がある。このコースは山頂までの距離が短いのだが、急斜面で道が荒れていて、わかり難い。それでも、父親がこのコースを選んだのには、わけがあった。

父親は、地元の建設会社で長年にわたって技師として働いており、平井寺トンネルの建設工事も担当していたのである。その工事は、某役所関連が設計した図面通りに行った場合、山から湧き出る小川を遮断して、トンネルに至る道路を造ることになっていた。

この小川は、山の麓で平井寺池という小さな池沼を形成している。そこに流れ込む水の遮断は、池沼の形を変化させ、生き物の生息地を潰すことを意味していた。

（道路を造ることが俺の生業《なりわい》だが……地元の貴重な自然は後世に残したいものだ）

そう考えた父親は、図面に手を加えることで、小川が道路の下を流れるようにさせた。本来ならば認められないことだったが、某役所関連が机上《きじょう》で作る図面だけでは、実際の工事はなかなか上手く運ばない時代だったため、許可されたらしい。父親は小川と平井寺池周辺の自然環境が維持できたかどうか、道路とトンネルの完成から二年近くが経ったので、確認したいと思っていたそうである。

県道六十五号線にある平井寺トンネルは、上田市から国道二五四号線を経て、松本市へと通じる交通の要《かなめ》とされ、現在は無料開放されているが、当時は有料道路であった。県道六十五号線を南下すると、料金所よりも手前の右側に林道への分岐がある。平井寺池は林道の入口とは反対の左側に存在していた。

二人が道路の下へ降りてみると、道路を支える橋脚があり、その下に小川が流れていた。土砂に埋まることもなく、澄んだ水が流れている。平井寺池は以前のままで、岸辺には草木が生い茂り、ルリタテハ（蝶）が舞っていた。野鳥の鳴き声も聞こえてくる。

「うん。まずまずだな……。どうだ、俺の仕事は？」

父親がにやりとする。Eさんに見せて自慢したい、という意図もあったらしい。

それから二人は未舗装の林道に入り、平坦な道をしばらく歩いた。林道の終点が登山口になっている。そこまで来たときには、午前十時近くになっていた。

二人は休憩を取ることもなく、独鈷山の山頂を目指した。登山道がはっきりしておらず、迷いやすいとされる平井寺コースだが、父親は何度も登って慣れている。一気に山頂へ向かう急な登りで、Eさんは息を切らせながら懸命に歩を進めた。植林された杉林を通過すると、天然林となり、木々の新緑が眩しかったが、それを愛でる心の余裕もなかったほどだ。一方、父親は涼しい顔で、一度も道に迷うことなく、山頂までEさんを導《みちび》いた。

登山口から五十分ほどで到着した山頂は、岩場の上にあって狭いものの、ほかの登山者が数人いた。眺めは素晴らしく、眼下には上田市街地と田畑が広がり、美ヶ原や八ヶ岳、北信五岳の山々を一望できる。

「行きしな《行きのコース》と同じ道で帰るんじゃあ、つまらん。帰りは沢山湖《さやまこ》へ行《こう》かず。ずく出せ《気合いを入れろ》よ」

「ほうかい《そうかい》。なら、行《こう》かず！」

沢山湖は、沢山池とも呼ばれるダム湖である。父親の話によれば、そこへ下りるコースは、来た道とは異なり、山を大きく半周する緩やかな登山道だという。下山には四十五分くらいかかるが、平井寺コースよりは安全でわかりやすい道らしい。

ところが……。

実際には、このコースも登山道があまり整備されておらず、荒れていた。父親は道の痕跡すら曖昧な斜面を滑るように下りてゆく。その速度は増す一方であった。下り坂は、上り坂よりも速度が出るものだが、幾ら何でも速過ぎる。しかも父親は、Eさんがついてきているのかどうか、振り返って確認しようともしない。

（親父、急にどうしたんだ？）

まるでEさんの存在を忘れてしまったかのようである。登ってきたときとは、明らかに動きが違っていた。下草が茂った険しい斜面を下って、薄暗い谷へと踏み込んでゆく。

（変だな……。こんな場所が登山道なんだろうか？）

Ｅさんは疑問を覚えた。

「ここ、おかしいよっ！　ちょっと！　親父！　止まってくれっ！」

大声を張り上げたが、父親は無反応で沢沿いを下り続けている。幾度となく声をかけても、父親は足を止めず、無言で、振り向きもしない。

父親を見失ったら終わりだ。Ｅさんは必死に跡を追いかけるしかなかった。

だが、父親の前進は、木立に囲まれて昼でも暗い谷底まで来ると、不意に停止した。

そこは岩場だったが、岩と岩との間に根づいた大木が一本、生え出ている。その根元には大きな洞《うろ》が口を開けていた。洞の中には枯れ葉や落ち枝と一緒に、黄ばんだ動物の骨らしきものが堆積していた。

父親は大木の前に佇んで、洞の中を見つめている。

「どうした、親父？」

ようやく追いついたＥさんが訊ねても、父親は黙り込んでいて、答えなかった。辺りを見回すと、近くに生えている木々の幹には、ツキノワグマのものと思しき爪研ぎ痕が数多く残されていた。どれもつい最近、つけられたものらしい。

（まずいぞ。ここは……）

そう思った途端、これまで立ち尽くしていた父親が、急に振り返った。Eさんと視線を合わせて、呟くように言う。

「戻ろうか」

「やっぱ《やっぱり》、道をまちがえてたんだに《のかい》？」

「戻ろうか」

父親は、Eさんが訊いたことには答えなかった。

「だからさ、道をまちがえていたんだに《のかい》？」

「頂上まで戻って、やり直しだ」

父親は一方的にそう言うと、引き返し始めた。Eさんは訝しく思いながらも、あとに続くしかなかった。下草や落ち葉に踏み跡がある場所を辿りつつ、二人は頂上付近まで戻ってきた。不思議なことに、下山と引き返すのに要した時間は、二時間ほどの感覚だったのだが、既に空が薄暗くなってきている。

（天気が悪くなったのかな？）

Eさんが腕時計を見ると、午後六時を過ぎていた。夕暮れが近づいていたのだ。

（まさか！　まだ午後一時頃のはずじゃあ……？）

Eさんは愕然としたが、とにかく早く下山しないといけない。懐中電灯は持参していなかったので、日が暮れれば大変なことになる。

「親父、沢山湖へ行くのはよそう！　日没まで時間がないし、また道をまちがえたら、遭難するかもしれない！　行きしなと同じ道で帰らず《来たときと同じ道で帰ろう》！」

　Eさんの申し出に父親は頷いた。やけに口数が少ない。表情もいつになく乏しかった。

　こうして二人は、平井寺コースを引き返すことにした。平井寺コースは難所だが、道をまちがえたり、崖から滑落したりさえしなければ、下山には三十分もかからない。Eさんも道は覚えていたので、登山口まではどうにか無事に下りてくることができた。

（良かった。まずはひと安心だ……）

　Eさんは溜め息を吐いた。既に日が沈んで、登山口周辺には濃い宵闇が立ち込めていたが、あとは整備された平坦な林道を歩くだけで、県道六十五号線に出られるだろう。

　夜空には大きな明るい月が昇っていた。夜道は暗かったが、月明かりを頼りに、何とか歩くことはできる。せせらぎも聞こえてきた。父親が守った小川の水が流れる音だ。その音にも励まされて、二人は林道を歩き出した。

　宵闇の中、前を進む父親の後ろ姿が、月明かりに照らし出されている。しかし、そのうちに父親の足が止まった。何をするでもなく、無言で首を傾げている。

「どうかした？」

Eさんは声をかけたが、父親は返事をしない。

歩き出すと、すぐに立ち止まって、何を考えているのか、また首を傾げている。一本道なので方角に悩む必要はないはずなのに、少し歩いては同じことを何度も繰り返す。

Eさんは不安になってきた。

「足でも攣《つ》った？」

「大丈夫だ」

言った傍《そば》から父親は歩き出して、じきにまた立ち止まる。何かにとり憑かれているかのようであった。

林道は徒歩だと長く感じられ、Eさんは不安で堪らなかった。

それでも、せせらぎと月光に勇気づけられ、張り詰めた気持ちで三十分ほど歩き続けるうちに、やっと料金所の灯りが見えてきた。

(助かった！)

Eさんは安堵の余り、目から涙が零《こぼ》れそうになるのを懸命に堪《こら》えた。

「あそこでタクシーを呼んでもらおう。俺、もう歩けないよ」

父親は黙っていたが、拒否もしなかったので、Eさんは好きにすることにした。当時、携帯電話はまだ普及していなかったのである。料金所へ近づき、声をかけると、暗闇から出てきた二人を見た係員が、驚いて息を呑むのがわかった。

タクシーに乗って帰宅したのは、午後八時過ぎだったという。


ところが、その翌朝も父親は奇矯な行動を見せた。朝食の最中も、テレビのニュース番組を見ているときも、頻りに視線を窓のほうに向ける。窓ガラス越しに、昨日登った独鈷山の方角を眺めているのだ。相変わらず口数が少なく、ぼんやりとした、虚ろな目をしている。これまでに、こんな父親を見たことはなかった。

「お父さん、どうしたのかしらねえ？」

母親も異変に気づいたらしく、耳打ちをしてきた。

Eさんは父親がいない所で、昨日起きたことの一部始終を母親に打ち明けた。

「やっぱり変だよね。困ったことになったなぁ……」

そこで二人は伯父に相談することにした。伯父は母親の兄であり、ある伝統芸能の伝承者で、収穫祭には山の神に舞いを奉納する役目を担っていた。地元の山で起こる怪異にも詳しい。助けてくれるのではないか、とEさんは電話をかけてみた。事情を伝えると、

「そいつは、呼ばれているな……」

と、伯父は呟いたあと、「すぐに行く」と告げて電話を切った。

近くに住んでいた伯父は、まもなく軽トラックに乗ってやってきた。

「夕方までには戻ってくる。おまえは来るな」

伯父はそれだけ言うと、父親を助手席に乗せて、どこかへ走り去った。

「沢山湖の畔まで行って、祠《ほこら》を拝んできたんだ」

夕方近くになって、帰宅した父親がそう言った。

「昨日から、何だかあの山、というか、あの沢が苦《く》になってなぁ……。でも、祠を拝んだら、急にすっきりしたよ」

あの山とは独鈷山で、あの沢とは前日に迷い込んだ場所のことである。

父親のそんな話を聞いていたEさんと母親は、よほど不安そうな面持ちをしていたのであろう、伯父が微笑《ほほえ》みを浮かべながら説明を始めた。

「たぶん、山の神が、こいつに御礼をしたかったのだろう。もう心配ない。……こいつはトンネル工事のときに池が残るように、色々とやっただろう。だからおそらく、山の神が、自分の住処《すみか》にこいつを招待してくれたんだろう。御礼がしたかったんだな。そこでこいつが願いごとの一つでもしてくれれば、すんなり終わったんだろうが、無視して帰ろうとしたので、山の神も慌てたようだ。車で行ける祠へ行って、無難なお願いをしてきたから、もう大丈夫だろう」

確かに、父親が奇矯な行動を見せることはなくなった。

それからほどなく、父親は長年働いた会社を定年退職したのだが、その際に会社から記念品として、巨大な黒曜石を贈られた。平井寺トンネルの建設工事中に発掘されたものだという。伯父の話によれば、どうやら、この黒曜石こそが、山の神からの〈御礼の品〉であるらしい。以来、Eさんの家では、それを家宝として大切にしているそうだ。

なお、沢山湖の祠は、のちに大きな改修工事が数回行われたことから、今も存在するかどうかは、わからない、とのことである。

秩父の送り提灯

（埼玉県秩父市）

これは埼玉県秩父市出身の女性Yさんが、子供の頃に同居していた祖父（故人）から聞いた話を提供して下さったものである。

昭和の初め、祖父が八歳か九歳の頃のこと。彼は尋常小学校の授業が終わって帰宅すると、近くの山へ薪を拾いに行くのが日課になっていた。元々、自宅が山の麓にあるので、午後から出かけても日没までには帰宅することができたという。

ある日、祖父は山の頂上まで行ってみたくなった。一人では行ったことがなかったので、細やかな冒険をしてみたくなったそうだ。その頃は狩猟や山菜採り、木の実拾いなどで山に入る者が多く、舗装されていない細い山道が、現在よりも多数、山奥まで通じていた。

祖父は目ぼしい落ち枝を拾っては、背負った籠に入れながら、山を登っていった。近いものばかりと思っていた山頂には、なかなか辿り着けなかった。日が西の空に傾き、森の中は薄暗くなってきている。懸命に歩いて、山頂と思われる地点に到着したとき、辺り一帯が一瞬、明るく輝いた。見れば、西の空にオレンジ色の夕日が沈もうとしている。

（今日はこれで店仕舞いだ。早く帰りなさい）

夕日がそう告げているように、祖父には思えた。美しい光景で、祖父はつい、見惚《みと》れてしまったのだが、その輝きを最後に、夕闇が一気に濃くなってくるのがわかった。

(しまった。早く帰らなきゃあ!)

祖父は急いで山を下り始めたものの、たちまち森の中は真っ暗になってしまった。月は出ておらず、星のわずかな光を頼りに進むしかない。足元が見えないので、走るわけにもいかなかった。石や木の根に躓《つまず》かないように、慎重に歩いていると——。

麓のほうに提灯と思しき灯りが浮かび上がった。こちらに登ってくるようだ。

(助かった! お父さんか、兄ちゃんが迎えに来てくれたんだな!)

祖父は灯りに勇気づけられて、暗闇も恐れずに歩き続けた。提灯の灯りが近づいてくる。あと数十メートルで父か兄と合流できる——祖父はそう思ったが、途中で灯りは進路を変えて、麓のほうへ引き返し始めた。

(おや? どうしたんだろう?)

祖父は子供心に、少し不審に思いながらも、灯りを追いかけて下山を続けた。灯りに追いつくことはできなかったが、転ぶこともなく、麓の集落が近づいてきた。家々の灯りが闇の中に浮かんでいる。祖父は些《いささ》か安堵して、大声で呼びかけてみた。

「おうい! お父さん! それとも、兄ちゃん! なのかい?」

祖父の声が聞こえたらしく、今度は灯りがこちらに向かってきた。急速に接近してきたかと思うと、十メートルほど離れた位置で停止する。あそこに父か兄がいるのだろう、と考えた祖父は、声をかけながら近づいていった。人影が見えてくる。

だが、あと四、五メートルの位置まで近づいたとき、

「わあっ……」

祖父は、畦《あぜ》から二メートルほど下の、稲刈りを終えた田んぼに転落してしまったのである。灯りと人影はいつの間にか消えていた。そして、夜陰の向こうから、

「ケケケケケッ……」

と、笑い声だけが聞こえてきた。

祖父は足首を挫《くじ》いてしまい、自力では立ち上がることができなかった。大変なことになった、と思ったが……。

そこへ集落のほうから、男性たちの話し声と灯りが二つ、近づいてくる。本物の父と兄が提灯を持って、畦をこちらに向かってくるところであった。

「お父さぁん！　兄ちゃぁん！　ここだよう！」

祖父は必死に叫んだ。父と兄がそれに気づき、救助に来てくれた。

祖父には、灯りと笑い声の正体が何だったのか、生涯わからなかったという。

神社の御神木

群馬県在住でシンガーソングライターとして活動している男性Iさんが、二〇一〇年代に体験した話である。彼は男友達が運転する車で、他県の山奥にある神社へ参拝に出かけた。七月の猛烈に暑い日で、熱中症になるのを防ぐため、道中は飲み物を飲んだり、休憩を取ったりしながら時間をかけて神社に到着した。

この神社には、御神木とされる杉の大木が二本生えている。参拝後に三回、深呼吸をしてから木に触ると、良いエネルギーをもらえるのだという。だが、強く触る者が多過ぎるのか、あるいは樹皮を剥《は》がして持ち帰った者がいるのか、杉の幹は樹皮の一部が欠落して、滑らかな木部《もくぶ》が剥き出しになっていた。

それを見たIさんたちは、気の毒に思いながらも、せっかく来たので、できるだけ優しく触ってみることにした。

先にIさんが一本目の御神木に触れる。

あとから同じ木の幹に触れた友達が呟いた。

「御神木って、あったかいんだなぁ」

それを聞いたIさんは意外に思った。

(この木、夏なのに、やけに冷たいな)

そう感じていたからだ。不思議に思いつつも、二本目の御神木に触れてみる。

(冷たい！)

一本目の木よりも、さらに冷たく感じられた。氷を詰め込んだ器に触っているかのようだ。ところが、友達は驚くべきことを口にした。

「やっぱり凄《すげ》えよ。御神木っていうだけあって、温泉みたいにあったかいもんな」

「いや、この木……滅茶苦茶、冷たいじゃないか」

「何言ってんだよ。あったかかったろう！　おまえ、大丈夫か？」

そこまで言われると気になってしまう。体調が悪いわけではなかったので、Iさんは釈然としないまま、帰路に就いた。


翌朝。自室のベッドで目を覚ましたIさんは、両足がまったく動かないことに気づいた。

「あれ……？」

上半身は動かせるので、ベッドの上を転がり、床に足を下ろして立ってみた。何とか両足で立ち上がることはできたが、歩こうとすると、足に力が入らない。まっすぐに歩けないのだ。Iさんの自室は二階にあるので、一階へ向かうにも、手摺りに掴まらないと階段を下りることができなかった。

不安になって病院へ行くことにする。靴を履くのも大変で、長い時間を要した。

車の運転はとてもできない。近所の病院へやっとこさ歩いて向かい、診察を受けたが、医師は原因や病名がわからないようで、難しい顔をしている。

その医師から、ほかの大きな病院を紹介されたので、タクシーに乗ってゆき、診てもらうことになった。そこで長い時間をかけて、さまざまな検査を受けたが、やはり異常は認められず、原因不明、病気か否かも不明、と言われてしまう。Iさんは病院から出てタクシーに乗る間も、まっすぐに歩くことができなかった。

彼は、翌月に大事なワンマンライブを控えていたので、

(早く治さないと、大変なことになるぞ)

と、焦《あせ》り始めた。それに加えて、原因がわからないことにも恐怖を感じる。

帰宅してから椅子に座って、

(何でこんなことに……？　俺の足は一体、どうなっちまったんだよ？)

嘆きつつ、ズボンの裾を捲《まく》って両足を見ると、色と形が明らかにおかしい。

皮膚が赤褐色に変わって、ささくれている。まるで杉の樹皮のようであった。

「うわあっ！」

Ｉさんは椅子から転げ落ちそうになったほど、驚倒した。

とはいえ、一度目を離して、再び足を見ると、本来の色と形に戻っていたという。

その後、外出には杖を使い、どうにか生活していたが、

（もしかしたら、このまま一生、まともに歩けなくなってしまうのだろうか？）

と、毎日悩むようになり、精神が疲弊していった。

足の状態は、回復する兆しが少しも見られないまま、十日が過ぎた。

けれども、二週間が過ぎた頃、この症状は卒然と治まった。

発症したときと同じように、何の前触れもなく、朝起きてみると、足が自在に動かせるようになっていたそうである。

八月のワンマンライブも無事に成功させた。

あの日、一緒に神社へ行った友達は、どこも悪くならなかったそうだ。

天狗が棲む山

三十代の女性Nさんは、夫と二人で関東地方のアパートに住んでいる。アパートは築四、五年で傷みのない綺麗な部屋であった。

土曜日の晩のこと。風呂に入ったNさんは、排水口の網に毛髪が溜まっていることに気づいた。床にも点々とカビが生え始めている。

(そろそろ掃除をしないと、水が流れなくなっちゃうな……)

だが、疲れていて眠かったので、後日やることにした。

その夜、Nさんはこんな夢を見た。

彼女はゆっくりと空を飛んでいる。

広大な森に覆われた山が見えてくる。その一ヶ所に開けた平坦な土地があって、男たちが数人立っている。いずれも異様な衣を纏っていた。何か話し合っているようだ。その一人が、手に玉を載せている。ガラス玉なのか、透明で、陽光を浴びて光り輝いていた。

(変な人たちがいるな)

Nさんは気になって、上空に静止した。黙って見下ろしていると――。

男たちが一斉にこちらを見上げた。全員、異貌と呼ぶべき不気味な顔立ちをしている。

そして玉を持っていた男が、

「そこにいるのは知っているぞ！」

と、どすの利いた声で叫んだ。

その途端、Nさんは急激に身体が重くなるのを感じた。頭から落下してゆく――。


地上に墜落する前に目が覚めた。同時に記憶の中から、夢に出てきた男数人の具体的な装束や顔立ちが抜け落ちてしまい、

（随分と変わった、不気味な姿をした人たちだったな……）

ということ以外は、忘れてしまったという。

日曜日の朝が来た。

Nさんは無性に外出したくなった。いや、出かけなければならない気がしていた。ドライブに行きたかった。夫に話すと、

「ああ、いいよ。どこへ行きたい？」

そう言われて困ってしまった。とくに行きたい場所があるわけではなかったからだ。

「どこでもいいのよ。とにかく出かけたいの」

「わかった。任せとけ」

夫はある山へ向かって車を走らせ始めた。夫自身は過去に何度か行ったことがある場所で、景色が良く、美味い蕎麦《そば》を出す店があるので選んだのだという。

Nさんがそこへ行くのは初めてのことであった。

この山には大きな寺がある。

「せっかく来たんだから、お参りしていかない？」

Nさんが何気なく提案すると、夫は承諾して車を駐車場に駐《と》めた。

寺は鬱蒼《うっそう》とした森の中にあった。石段を登ると、森が開けて平坦な場所に出る。

そこに本堂があった。賽銭を入れて家内安全を祈願し、引き揚げようとしたときのこと。

Nさんは、天狗の銅像や石像が、あちこちに建てられていることに気づいた。

そして、近くには石造りの台に載せられた、大きな玉もある。

「あっ！　これだわ！」

前夜に見た夢を思い出した。そういえば、天狗の顔立ちや装束、寺の景観などが夢で見た景色と同じである。何事かと、こちらを見ている夫に事情を説明すると、

「へぇえ！　ここは天狗も祀《まつ》っているから、呼ばれたのかもしれないな！」

と、何度も頷いた。

ただ、なぜ天狗に呼ばれたのか、その理由はNさんにも夫にもわからなかった。それから二人は山の景色を見て楽しみ、蕎麦を食べてアパートへ帰った。

夜になって、Nさんは風呂場が汚れていたことを思い出した。掃除をしようと行ってみて、驚いたそうである。

風呂場の床は磨かれて、真っ白に輝いていた。排水口に詰まっていたはずの毛髪は一本もない。夫を呼んで現場の様子を見せると、瞠目《どうもく》している。

「誰が、こんなことを……？」

二人が帰宅したとき、玄関のドアには鍵が掛かっていた。留守中に誰かが入り込んだ形跡はなかった。ましてや部屋の鍵を持っているのは二人しかいない。それでも夫は気になったらしく、近所に住むアパートの管理人に電話をかけて確認したが、

「いいえ。無断で清掃業者を部屋に入れることはありませんし、鍵は入居する方が変わる度に新しいものと替えていますよ」

との返事であった。

結局、誰が掃除をしてくれたのか、心当たりがない。ちなみに、かの寺では二人とも「風呂場を綺麗にして下さい」とは、祈願しなかったという。

女子高生、霊山へ行く（東京都、高尾山）

東京都在住の女性、たおるさんが高校三年生の夏休みのことである。彼女が親友のL子さんと遊んでいたところ、八王子市にある高尾山《たかおさん》の話題が出た。

高尾山は標高五九九メートルの低い山だが、〈明治の森高尾国定公園〉に指定され、自然林が豊富に残されていることから、多種多様な動植物が生息している。また、古来より修験道の霊山とされていて、天狗が棲む、との伝説がある。その一方で都心から近く、交通の便も良いことから、登山者や観光客が多数訪れ、若者にも人気が高い。

「夜景が観たいね！」「いいねえ！」

という話になり、すぐに準備をして行くことになった。

菓子や飲み物を買って、京王線の電車に乗り、高尾山口駅に着いたときには午後四時を過ぎていた。平日なので、高尾登山電鉄のリフトは終発時間が近づいていた。急いで山麓駅からリフトに乗って、標高四六二メートルにある山上駅まで登り、そこから歩いて山頂を目指す。途中にある古刹、高尾山薬王院有喜寺《やくおういんゆうきじ》にも参詣した。

たおるさんたちは、下山する大勢の人々と擦れ違ったが、山頂に着くと、二人のほかには誰もいなかった。山を貸し切りにできたようで、うれしかったという。

日が暮れて、夕闇が濃くなってくる。気の早い虫が鳴いていた。午後七時を過ぎた頃から、東京都心の夜景が美しく映えてきた。二人は菓子を食べたり、携帯電話のカメラで写真を撮ったりして、大いにはしゃいだ。しかし、満足して帰ることになったとき、懐中電灯を持ってきていなかったことに初めて気づいた。

「しまった！　お菓子を買うのに夢中で、一番大事なものを忘れてた！」

それに、たおるさんは、高尾山が有名な観光地なので、てっきり登山道にも街灯が立ち並んでいるものと思っていたそうだ。

「でも、ケータイのライトで照らせば良くね？」

と、L子さんが思いつき、二人はそれぞれ携帯電話のライトを点灯させた。当時、二人が所有していた携帯電話は、いわゆる〈ガラケー〉であった。ライトはカメラの機能を起動させてから点けるもので、数分経つと自動で消えてしまう仕組みになっていた。

とはいえ、このときは濃紺の夜空に月が昇って、登山道を明るく照らしていた。

「何だよ。これなら楽勝じゃん！　ライトなんかいらないね！」

たおるさんは消灯して、笑いながら登山道を下っていった。L子さんも消灯する。

二人は無事に薬王院までやってきた。その先に、男坂と呼ばれる一〇八段の階段と、女坂と呼ばれる緩やかな坂道の、二手に道が分岐する場所がある。坂の終わりは一本道に合流するのだが、二人は女坂のほうを選んだ。にぎやかに話しながら歩いていると、男坂のほうからも人の話し声が聞こえてきたという。

数人の男たちが何やら言葉を交わしながら、下山しているらしい。

「あれ？　ほかにも誰かいたんだね。全然気づかなかった」

「この辺でムササビとか、撮影してたんじゃね？」

ムササビは小柄な猫ほどの大きさになる齧歯類《げっしるい》で、日本にしかいない固有種である。木の実や若芽、樹皮などを餌にしており、昼間は木の洞などに造った巣の中で眠っていて、夜間に活動する。前足と後ろ足の間にある飛膜を広げて、木の枝から枝へと滑空するのが特徴だ。高尾山は有名な生息地で、観察や撮影に訪れる人が多い。

だが、二人が坂道の合流地点まで来て、男坂のほうに目をやると、誰もいなかった。

「えっ……？」「そんな……」

互いに顔を見合わせて、絶句してしまう。

男たちの話し声はまだ続いていた。二人の後ろからついてきている。

「いやぁ、声がよく通るだけなんじゃない？　たぶん、どっかにいるんだよ！」

と、たおるさんは苦笑いしながら言ってみたが、声の大きさからして、間近にいるように感じられる。その上、日本語らしい抑揚なのに、何を喋っているのか、まるで聞き取れない。あとから思うと、それも奇妙だったという。

そんな話し声だけが二人の真横を通り過ぎてゆき、少し先で、ふいと聞こえなくなった。

「消えた？　声が、消えたよね、今？」

「うわ、どうしよう！　怖過ぎる……」

たおるさんは、背筋に寒気が走るのを自覚した。それはL子さんも同様だったようで、表情が強張っていた。二人とも怖気立って、その場に立ち尽くしてしまう。それでも、早く下山しないと、夜は更けてゆく一方である。遅くとも終電までには京王線の駅まで戻らなければならない。

「……きっと、高尾山の神様か……天狗様が、通っただけ、だよね……」

たおるさんの言葉に、L子さんがやっと頷いた。

「そうだね……。悪いもんじゃないよ……」

と、自分たちに言い聞かせて歩き出す。リフト乗り場の山上駅まで下りてきたが、無人の駅舎は真っ暗で静まり返っていた。その横に登山道が見える。

（これから、この道を歩かないといけないのかぁ……）

たおるさんは、恐怖と絶望が込み上げてくるのを感じていた。足取りが重くなる。登山道を下り始めると、急に辺りが真っ暗になった。夜道を明るく照らしていた月が、増えてきた雲に隠されてしまったのだ。二人は舌打ちして、携帯電話のライトを点けた。

山上駅から山麓駅までの登山道沿いは、樫《かし》などの大木が鬱蒼と茂った森が広がり、夜の闇を一層深く、濃いものにさせている。登山道は舗装されているが、険しい坂道が続き、ライトで足元を照らしていないと、路面の出っ張りや窪みに躓いて転びそうになる。

まもなく周りの森の中から、人の足音らしき物音や、ふうっ、と息を吐く音、話し声らしき音などが、途切れ途切れに聞こえてくるようになった。何かがいる気配が感じられるのだが、たおるさんには、自身とL子さんのほかに人の姿は見えない。

片やL子さんは、白くてぼんやりとしたものが、次々に森の中から浮かび上がるのを目にしていた。実を言うと、彼女は怪異と遭遇しやすい〈見える人〉なのである。もっとも、このときは霧が出てきたのか、と思っていたという。

二人は携帯電話で音楽をかけて、大きな声で歌を唄ったり、喋ったりしながら進むことにした。しかし、たおるさんは先程から、大勢の目に見えないモノたちに包囲されている気がしていた。それらは少し離れた位置にいて、一緒に移動しているらしい。そしてライトが数分で消えると、一斉に急接近してくるのだ。大勢の足音が迫ってくる。ブワッ！という風を切る音が耳元で聞こえて、風圧を受けた。

「うっ！」

L子さんが、たおるさんの後方を見てから、慌てて顔を背《そむ》ける。

「どうしたの？」

「……急ごう！」

L子さんはそれだけ言うと、たおるさんの手を強く握りしめた。

再び携帯電話のカメラを起動し、ライトを点ける。

ざあああ……。ざあああ……。

と、波のような音がして、何かが離れてゆく。

けれども、ライトが消える度に、また同じ音が迫ってくる。点灯させると、離れてゆく。

それを何度も繰り返しながら歩くうちに、灯りが見えてきた。

街灯が立っている。早歩きで行ってみると、近くに地蔵が建てられていた。そこでは大勢の人の気配が消えて、心做《こころな》しか、周りの空気が澄んでいるように感じられた。

「お地蔵様、ありがとうございます！」

普段はしないことだが、このときばかりは二人で地蔵に手を合わせて、礼を言った。

疲れていたのと安心したことから、五分ほどそこで休み、また歩き始める。

だが、地蔵から離れた途端に、再び大勢の足音や吐息の音、話し声などが聞こえてきた。

そのため二人は、これまで以上に大きな声で歌を唄いながら下山を続けた。

麓へ近づくにつれて、徐々に人の気配は希薄になってきた。人数が減ってきたようで、物音は小さくなり、リフト乗り場の山麓駅前に出ると、完全に聞こえなくなったという。

電車に乗ることができたときには、たおるさんもL子さんも、すっかり気が抜けていた。

「高尾山が、あんなに凄い所だったなんて……」

「舐めてかかってたぁ……」

「そういえば、『急ごう!』って言ったよね。あのとき、何か見えてたの?」

たおるさんは安堵したところで、L子さんにそう訊いてみた。

すると、真っ暗だったにも拘らず、たおるさんの肩越しに青く光る女の顔が浮かび上がったのだという。たおるさんを怖がらせたくなかったので、黙っていたそうだ。

また、L子さんが終始目にしていた白いモノたちも、霧ではなかったらしい。たおるさんは一緒にいながら、霧が出ていたのを見た記憶がなかったのである。


おまけに、それだけでは済まなかった。

数日後。L子さんから、たおるさんの携帯電話に電話がかかってきた。

「連れて帰ってきちゃったのかもしれない。ちょっと、今から家に来られない?」

たおるさんは驚きながらも、心配なのでL子さんの家に向かった。三階建てのその家には、このときL子さんしかいなかった。二人は二階にあるリビングで話をした。

「昨日、その窓が二回、勝手に開いたんだ」

と、L子さんがベランダに通じる掃き出し窓を指差す。アルミサッシにガラスが嵌め込まれた重い引き戸で、普段は独りでに開閉することはないという。

たおるさんが息を呑むと、突然、リビングに隣接したキッチンのほうから、
バンッ！　ジッ、ジッ、ジッ！　ジ、ジ、ジ、ジ、ジ……。

という物音が聞こえてきた。何の音かと、二人がキッチンへ行ってみると、オーブントースターが独りでに作動している――。

二人とも仰天して立ち竦んでしまう。そこへ追い討ちをかけるかのように、ギシッ、ギシッ……と一階から誰かが階段を上ってくる足音が聞こえてきた。

リビングの入口のドアが開く――。

人の姿はなかった。少なくとも、たおるさんには見えなかった。

しかし、L子さんが張り詰めた表情で、「そっちから逃げて！」と別のドアを指差した。

この家の二階のリビングは、二ヶ所にドアがあり、どちらも廊下に繋がっていて、廊下の中央付近に三階へ通じる階段がある。

「入ってくるっ！　入ってくるっ！　早くっ！　三階へ逃げてっ！」

　必死の形相となったL子さんに背中を押されて、たおるさんはわけがわからないまま、リビングから出ると、三階へ駆け上がった。三階にはL子さんの部屋しかない。二人はそこへ駆け込み、扉を閉めた。たおるさんはL子さんに「何があったの？」と訊ねた。

「黒い服を着た、髪の長い女が、ドアを開けてリビングに入ってきたの。本当は一階へ下りて外へ逃げたかったんだけど……。あの女の前を通らないと、下りる階段へは行けないから、別のドアを開けて、三階へ逃げたんだよ」

　幸い、黒い服の女が三階まで上ってくることはなく、二階から怪しい物音が聞こえてくることもなかった。少ししてから二人は、恐る恐る二階へ下りてみた。女はいなくなっていたが、二ケ所あるドアとベランダへの掃き出し窓が開いていた。

「高尾山で見た女だと思う……。青白い、というよりも、真っ青な顔をしてた……」

　L子さんは顔を顰《しか》めて怖がっていたが、たおるさんにはどうすることもできなかった。

　この女は、その後も何度か出没して、L子さんを大いに悩ませ、彼女の母親も目撃したことがあったという。ただし、日が経つにつれて、自然と現れなくなったそうである。

参考資料　高尾山登山電鉄　https://www.takaotozan.co.jp/

相模《さがみ》の山にて（神奈川県）

神奈川県は横浜市、横須賀市といった港湾都市や古都鎌倉市など、海辺に広がる都市が多いことから、〈海なし県〉出身の私からすると、〈臨海県〉のイメージが強い。しかし、実際には全体的に丘陵が多く、県西部は箱根の山々や丹沢などの山地が広がっている。

二〇〇〇年頃のこと。神奈川県郊外の山村に住んでいたA子さんは、当時、三十代後半であった。その日、彼女は山の向こうにある町に用事ができたので、昼前に軽自動車に乗って出発した。眺めの良い道路に出る。前方に、ある山の頂が見えた。その方角へ向かって愛車を走らせていたところ――。

忽然と、山の上に巨大な白い影が浮かび上がった。天気は快晴で、雲や霧の類いではない。煙とも異なっている。初めはぼやけていたが、次第に衣を纏い、頭に何かを被った人間の上半身のように見えてきたという。

（観音様……？）

A子さんは、日本各地の丘陵や水辺などに建てられた巨大な観音像を連想した。その上、白い影には顔があり、柔和な微笑みを浮かべている——そんな気がしてきた。

(素晴らしい！　あんなに綺麗なものが、私を呼んでくれている！)

A子さんはとても快《こころよ》くなってきた。温かい布団の中で寝ていて、楽しい夢を見ているかのような気分になる。

(あそこへ行きたい！　早く、早く行かなければ……)

A子さんはなぜかそう考えて、白い巨大な影へ向かってアクセルを踏み込んだ。

だが、直後に彼女は、ふっと我に返った。逆の思考が脳裏に浮かぶ。

(いや、いけない！　駄目よ。行ってはいけない！　戻らなきゃあ！)

気がつくと、急カーブへ、ハンドルを切らずに猛スピードで突っ込もうとしていた。慌ててブレーキを強く踏み込む。目の前にガードレールがあり、その先は深い谷が口を開けていた。車が甲高《かんだか》いブレーキ音を立てながら、ガードレールの間際で停止する——。

たまたまこのとき、後続車がなかったことも幸いした。もしも後続車があれば、追突されて谷底へ転落していたことだろう。

A子さんはもう一度、山の上に目をやった。そこにはまだ、巨大な白い影が浮かんでいる。居眠り運転をして、夢を見ていたわけではなかったのだ。

しかも、白い影の風貌は異なるものになっていた。その姿は再びぼやけて、頭部の辺りに吊り上がった切れ長の双眼らしきものだけが確認できる。黒目はなくて、ただ黄色く光っていた。

（何なの、あれは？　怖い……）

A子さんは車をUターンさせて、来た道を引き返し始めた。用事を済ませることは諦めて、山道を下ってゆく。その間も、白い影が追いかけてくるのではないか、と何度もバックミラーを覗き込んだ。頭から冷や汗が噴き出して止まらず、顔面は汗びっしょりになり、震えが止まらなかったという。

自宅に帰って、車を庭に駐《と》めると、会うことになっていた相手に車内から携帯電話で断りの連絡をする。

「すみません。急に車の調子が悪くなって、動かなくなってしまったので……」

事実を告げても信じてもらえなさそうな相手だったため、やむを得ず、嘘を吐いた。話しながら、何気なくバックミラーを覗いて、

「きゃあっ！」

A子さんは思わず悲鳴を発していた。

後部座席に人影が座っている。人相や服装などは識別できないが、人の形をした、真っ黒な影だったそうだ。A子さんは大慌てで車から逃げ出した。自宅に駆け込み、ドアに鍵

を掛ける。田舎なので在宅中に鍵を掛ける習慣はなかったのだが、そうしなければいられなかったのである。

けれども、家の中まで黒い影が追いかけてくることはなかった。

「どうしたんだい？」

居間でテレビを観ていた父親が、こちらを見て、目を丸くしている。

電話をかけていた相手にも悲鳴を聞かれてしまい、閉口した。

「いえ、何でも、ない、です。何でも……。大丈夫……。また、連絡します……」

しどろもどろになって電話を切ると、父親には事情を説明して、一緒に車の様子を見に行ってもらった。

すると、黒い人影はいなくなっていた。黒い人影と、山の上に現れた白い影が同じものだったのか、否かはわからないが、A子さんは、

(同じものが姿を変えて追いかけてきたのかもしれないわ……)

と、考えたそうである。

現代の山村では、車に乗らないと生活が成り立たない。翌日には愛車に乗って仕事へ行ったが、また白い影や黒い人影が現れるのではないか、と不安に思いながら運転していた。

山の向こうへ行く用事は、翌週に別の道を通ってゆくことにした。山を大きく迂回したた

め、一日がかりになってしまった。

A子さんが怪異と遭遇したことは、これ以降、一度もないそうだ。

ところが、後日、彼女が巨大な白い影と遭遇した道路で大事故が発生した。車が谷底に転落して、同じ年頃の女性の運転者が死亡したのである。

A子さんは、口伝えや新聞記事からそれを知ると、震え上がった。

(次にあそこを通れば、私も危ない)

嫌な予感がするので、二度と同じ道を通らないようにした。

そして後年、年老いた両親が相次いで病没すると、縁あって、遠く離れた地方へ引っ越したという。

時空を超えて（静岡県）

登山が好きな愛知県在住の女性Sさんは、過去に患った病気の後遺症で、右手と右足に麻痺《まひ》が残ってしまった。そのため、単独で長い時間をかけて登山をするようになったのだが、以前よりも感覚が研ぎ澄まされ、勘が良くなった気がするという。登山道が荒れた山で、嫌な予感がしたのでコースを変更し、遭難の危機を免れたことが何度かあるそうだ。

静岡県にR山という標高一〇〇〇メートル余りの山がある。この山の麓には幾つもの滝があるのだが、その一つに立ち寄ったときのこと。

足を止めて滝を眺めていたところ、川の水が流れ落ちる音に混ざって、

「ぎゃあああああっ！」

「いやだあああっ！」

と、悲鳴や叫び声が聞こえてきた。

Sさんは驚いて立ち止まり、四方を見回した。しかし、森と滝が見えるだけである。

（空耳かなあ……）

水の落下する音が、そんな風に聞こえたのだろう、と一度は考えたものの、

「ぎえええええっ！」

「帰らせてえええっ！」

今度はよりはっきりと、人の声が聞こえてきた。

Sさんは一層目を凝らして辺りを見回したが、やはりどこにも人の姿はない。

(何だか、気持ち悪いやぁ……)

そう思いながらも、登山道を登っていった。五月の雨上がりのことで、柔らかな陽光が木々の若葉を輝かせ、艶《つや》やかな新緑に覆われている気分になる。

すると、視界の隅に人影らしきものが映るようになった。初めは気のせいかと思っていたが、何度もちらちらと映っては消える。

立ち止まって、その方位を凝視すると、登山道から外れた木立の中に、焦げ茶色の和服らしい衣服を着た人間の姿があった。それも四、五人はいる。

(あの人たち、何しとるだやぁ？　あんなとこ、道なんかありもせんに……)

訝しく思っていると、全員の姿が消えてしまった。

(おや？　見まちがいだったのかな？)

気にしないようにして登山を続けたが、少しして、再び同様の体験をした。

木立の中から、焦げ茶色の衣服を着た四、五人の男女がこちらを見つめている。Sさんがそれに気づくと、男女はこちらに背を向けたあと、姿を消してしまった。

（うっ！）

今度は確かに目撃したので、Sさんは愕然とした。

だが、人影が攻撃してくる気配はなかったことから、良い気はしなかったものの、そのまま登山を続けた。無事に山頂まで登って、下山したが、あとは何も起こらなかった。

後日。歴史や民俗学が好きなSさんは、たまたま興味を持って読んでいた本の中にR山が出てくることを知って、驚きながらも合点がいった。明治時代から大正時代にかけて、R山の中腹付近に、精神病患者向けの収容施設が存在したことが書かれていたのである。

その本によれば、表向きは一応、治療施設だったのだが、患者たちに滝行をやらせたり、怪しい薬を飲ませたりしていたらしい。のちにその施設は廃止され、往時を思い起こさせるものは、何一つ残っていないという。

（それでもまだ、あの山には患者さんたちの思いが、時空を超えて残っとるのかもしれん）

Sさんは怖いというよりも、哀れに思えてならなかったそうである。

おうい！　おうい！（山梨県、富士山）

三十代の女性Qさんが働く、大阪府の自動車販売会社でのことである。

「来週の月曜日から三日間、仕事を休みにしよう！　社員全員で富士山へ行こう！」

夏のある日、出し抜けに社長がそう言い出した。あまりにも急な話だったので、行けない者がいた上、行ける者も初日に出発する先発班と、翌日に合流する後発班とに分かれて参加することになったという。

Qさんは紅一点で先発班に加わった。大きな会社ではないので、各班の人数は十名に満たなかった。

元々、社長の思いつきで決まったことなので、まるで計画性がなく、大阪府内を出て、山梨県にある富士スバルラインの五合目登山口に到着したときには、午後三時を過ぎていた。登山客が皆、下山してくる時間だったが、Yという二十代後半の男性社員が、

「普通の登山コースじゃなくて、もっと早く行ける最短の道があるんです。そこを進めば、今からでも山小屋まで登れますよ！　僕についてきて下さい！」

と、自信満々で言い放った。

吉田ルートと呼ばれる登山道沿いには、七合目から山頂にかけて山小屋が数多く建っている。そこに宿泊して、翌朝は御来光を拝むことにしていたのだが、一行は山小屋に飛び込みで宿泊するつもりで、予約を入れていなかった。

Yの堂々とした態度と、彼が山梨県と隣接する神奈川県出身だったことから、社長をはじめ、誰もがこの辺りに地理勘があるものと信じ込んだ。そしてYを先頭に、無謀な夕方近くからの登山を始めたそうである。

Yが言うところの〈最短の道〉に入って、しばらく登ってみたが、観光客や登山者と擦れ違うことはなかった。ブナやミズナラ、カエデなどが茂った広大な森の中に、未舗装の細い登山道がどこまでも続いている。

(裏道やからかな……?)

Qさんはそう思っていたが、三時間ほど休まずに山を登り続けても、山小屋は見えてこない。やがて日が暮れてきたものの、山小屋の灯りさえ見当たらず、明らかにこの道は変だ、という話になった。

「迷ったんやないか?」

「おいおい、遭難したんじゃないやろなぁ?」

と、皆が焦り始めた。

そうこうする間にも、夕闇はますます濃くなり、視界が悪くなってくる。

そのうちに平坦な場所に出た。道幅が少し広くなっていて、休憩するのに良さそうな場所がある。そこでYが、

「あのう、皆さん、ここで待ってて下さい。ちょっと向こうを見てきます。道、まちがえたみたいなんで」

その場から一人、離れていった。

「Y君を信じとったのに。しゃあない奴やなあ」

社長が苦笑しながら零す。

誰もが怒りや苛立ちを抑えながら待っていると、二十分ほど経って……。

「おうい！」

遠くから声がした。

Qさんはそちらを見た。森の中なので、既に辺りは真っ暗である。どこに道があるのかもわからなくなっていた。

「おうい！」

声が近づいてくる。

少し離れた暗闇の中に、Yの姿が浮かび上がった。

「おうい！　おうい！」

こちらに向かって、上下に手を振っている。皆を呼んでいるらしい。

「ええかげんにせえ！　おまえが来んかい！」

上司の男性社員が大声で言い返す。彼は相当、立腹していた。

すると、今度は逆の方角から、Yがやってきた。

「すみません！　やっぱり、道をまちがえてました！」

「あれ……？　Y、君？」

Qさんは驚いて、先程、Yが手招きをしていた方角を見た。

けれども、そこには誰もおらず、暗闇が広がっているだけであった。

そういえば、先程のYは真っ暗な場所に立っていて、灯りも持っていないのに、手を振る姿がはっきりと見えたのである。

「さっきのは、何……？」

Y以外の全員がそれを目撃していたので、しばし呆然としてしまう。

スマートフォンのライトを点ければ近くは見えるが、濃厚な闇が底なし沼のように深く広がっていて、少し離れた場所には何があるのか、まったくわからない状況である。これ以上動けば遭難するだろう、と判断した一行は、野宿をすることになった。ナイロンシートを敷いて車座に座り、持参した酒や食料を飲み食いして、夜が明けるまで大声で話し合いながら過ごした。そうでもしないと、怖くて居ても立ってもいられなかったのだという。Yだけが酒に酔って横になり、熟睡していた。

長い夜が明けてきた。Qさんは、モミやツガ、ヒノキなどの細い針葉樹ばかりが生えた、暗い森にいたことに気づく。社員の一人が、スマートフォンのGPS機能で現在地を確認したところ、青木ヶ原樹海にいることがわかった。富士スバルライン五合目から富士山頂方面を目指して山を登っていたはずなのに、逆方向へ進んで山を下っていたことになる。

しかし、誰もが山を下っていた、とは少しも思っていなかった。

それに、富士スバルライン五合目から青木ヶ原樹海までの距離は、最短コースでも二十五キロ前後に及ぶ。徒歩だと六時間十五分はかかり、その大半は舗装された県道や国道を歩かなければならない。だが、それほど長い時間、しかも舗装道路を歩いてはいなかった。一体、どこをどのように通ってきたのか？　皆、首を傾げるばかりであった。

「Y君。ホンマにこの近くの道を、前に通ったことがあるのかね？」

Yが目を覚ますなり、社長が訊ねた。

「いいえ。富士山に来たこと自体、初めてですよ」

Yがきょとん、とした顔をしてみせる。

「おいおい、どういうことや?」

社長がYを問い詰めてみると、

「僕が? そんなことを、言ったんですか? 本当に?」

彼は、前日に皆を案内したことを覚えていなかった。

そして地図で調べてみたが、昨日必死に登った道は、どこにも載っていなかった。Yの豹変といい、不可解なことばかりである。

一行は樹海の遊歩道から国道へ出て、風穴からバスに乗り、再び富士スバルライン五合目まで引き返すと、後発班と連絡を取って、どうにか合流することができた。それからは無事に山頂まで登ることができたのだが、樹海の中で手招きをしていたYにそっくりな男のことは、誰もが気味悪く思ったそうだ。

あのとき、呼ばれるままについていったら、どうなっていたのか——Qさんはそれを考えると、今も悪寒に襲われるという。

怖いんです！（中部地方）

　昭和の後期、初秋のこと。中部地方の高山地帯に、東京都から某高校の登山部が泊まりがけでやってきた。顧問のB先生は、三十代の男性である。

　この時代は、山の中ならどこでキャンプをしても、さほど問題になることはなかったので、テント場ではない場所に大型のテントを二張り張った。上空には、夜空を埋め尽くさんばかりに星が煌いている。火を焚いて、夕食を食べながら談笑していると、

「こんばんは！」

　暗闇から女の声がした。懐中電灯の光が踊る。

「この近くで、独りでキャンプをしていたんですが、真っ暗で怖いんです！　一緒にいさせてもらえませんか？」

　妙齢の小柄な女が一人、立っていた。ピンク色のヤッケを着て、リュックを背負い、登山靴を履いている。

（若い女性がこんな所で、独りで野宿か……）

　B先生は少し呆れたが、断るわけにもいかないと思った。

「どうぞ。火に当たりなさい」

女は、リュックから折り畳み式の小さな椅子を取り出すと、火の前に座った。その顔は蒼白で、話しかけても「はい」と「いいえ」くらいしか答えない。B先生には、本当に怯えているように思えた。やがて女は言い難そうに、怖ず怖ずと訊いてきた。

「女子の皆さんのテントに、私も泊まらせてもらえませんか？」

テントは大きかったので、一人増えても問題はなさそうである。

「みんなはどうだ？」

B先生が女子部員たちに確認すると、

「いいですよ！」

「あたしたちは大丈夫です！」

と、明るい声が返ってきた。

女は、女子部員たちのテントに同宿することになったという。

「あの人がいないんです！」

早朝から女子部員の報告を聞いて、B先生は憮然とした。

初秋とはいえ、高山地帯なので、夜間はテントの中も冷え込む。寒さで夜明け前に目を覚ました部員がいて、隣で寝袋に入って寝ていたはずの女の姿がないことに気づいた。女が持参していたリュックもなくなっている。

（おかしいわね。どうしたのかしら？）

不審に思い、皆を呼び起こした。すぐに貴重品を調べたが、盗まれた物はなかった。東雲《しののめ》の訪れを待ち、テントの外を見て回ったものの、女はどこにもいなかったという。

「礼の一つも言わずに出ていったのか。まったく……」

B先生が苦笑すると、いつもは無口な男子部員がこんなことを言い出した。

「先生。あの女の人……顔が右半分しかなかったんですよ。昨夜《ゆうべ》は疲れていたから、俺の気のせいだろうな、と思って、黙っていたんですが……」

これにはB先生をはじめ、誰もが驚愕した。この男子部員はたまに怪奇な体験をすることが知られていたので、「そうだったのか！」と皆、震駭《しんがい》させられた。

さらに、その後。

あの女と同宿した女子部員の一人が、高校を卒業してから同じ山を登山中に崖から滑落して、死亡してしまった。

発見された遺体は顔の左半分が砕けて、完全に失われていた、とのことである。

水呑峠《みずのみとうげ》の怪異

（和歌山県、水呑峠）

十年ほど前に香稀《こうき》さんという女性が、和歌山県田辺市（旧大塔村地域）の水呑峠付近で体験したできごとである。当時、香稀さんは、水呑峠よりも奥の山村に住んでいた。この辺りは標高三〇〇メートルから五〇〇メートルほどの山がどこまでも連なっていて、インターネットの回線はなく、携帯電話も繋がらない僻地だったという。

この地域を通る県道二一九号線は、二台の車が擦れ違うのも困難なほど、道幅が狭かった。平成時代の終わり頃になって、新しい道路が全線開通し、通行が便利になったそうである。

香稀さんはインターネットのオークションが好きで、どうしても欲しい物があった。それを落札したくて、午後十時前に自宅を出ると、車で単身、水呑峠へ向かった。

ちなみに水呑峠と呼ばれる場所は、田辺市内に二ケ所ある。ここで取り上げる水呑峠には『鎌倉時代の末期、幕府軍との戦に敗れた大塔宮護良親王《おおとうのみやもりながしんのう》の一行が訪れ、谷川の水を飲んで飢えを凌いだ』との伝承が伝わっており、地名の由来と見る向きもあるらしい。

水呑隧道《ずいどう》（水呑トンネル）を抜けて、坂道を少し下ってゆくと、電波が届く。建設資材を置くために造成された広場があり、夜間は車を停めても問題ないので、香稀さんはいつもそこに停車していた。

広場の周りは木々が生い茂っていて、照明はない。夜間は真っ暗で不気味なこと、この上ない場所だったが、香稀さんは暗闇を恐れない性格なので、この夜も車を停めて携帯電話を手にすると、オークションのサイトを見始めた。このとき、車の右手は道路側に、左手は山の斜面側に向けてあった。

香稀さんが携帯電話の画面を見つめていると、不意に身体の左半分が冷たくなってきた。加えて左半身だけに痺《しび》れが走る。電流を流されたかのようであった。悪寒という言葉だけでは言い表せないほどの、苦痛と不快感を覚えたという。

（あれ？　何やろ、これ？　嫌やなぁ！）

次の瞬間、突風に襲われたかのように車が、ぐらんぐら、ぐらぐらん、と揺れ始めた。車体の左側から、強烈な力が加えられている。

強風なら、周りに生えた木々の枝葉がざわめくはずだ。それが今は聞こえない。

香稀さんは左手を見やったが、暗くて車外の様子は確認できなかった。けれども、何か得体の知れない大きなモノがいて、車を押したり引いたりしているように思えてくる。

（車ごとひっくり返されたら大変やわ！）

香稀さんは携帯電話を助手席に投げ出すと、車のエンジンをかけた。ヘッドライトを点灯させる。前方には木が生えていたので、一旦、車をバックさせた。一瞬前まで車を停めていた位置にヘッドライトの光線が向けられる——。

ところが、そこには何もいなかった。この辺りにはニホンイノシシが数多く生息しているし、ツキノワグマも生息数は少ないながら、目撃されている。しかし、獣の姿は見当たらなかった。そうこうするうちに、車がまた左側から、激しく揺さぶられ始めた。

香稀さんは身の危険を感じて、車を急発進させた。ハンドルを右に切って、広場から脱出する。

一気に坂道を下り、町場の近くまで来ると、街灯が立っていた。そこに車を停める。ひどく息苦しい。呼吸が整うまで、震えているしかなかった。全身が汗びっしょりになっていたが、身体の中はひんやりと冷えているようで、それも極めて不快だったという。もはやインターネットオークションどころではない。諦めて帰ることにした。先程の広場の前を通るときは、また襲われるのではないか、と緊張したそうである。

山村で育った香稀さんは、子供の頃から山の中で毎日遊んでいて、不思議な体験を何度もしてきた。〈隠れ里〉ではないか、と思われる、空気や川の水が澄んでいて、すべてが光り輝いて見える美しい場所へ行ったことや、山奥に御殿のような屋敷を発見したことがある。それらの場所へ行けたのは一度きりで、幾ら道を探しても二度と行けなかった。不思議に思えてならなかったが、いずれも恐怖心を伴うものではなかった。これほど竦み上がったのは、生まれて初めてのことだったという。

ただ、何者の仕業なのか、わからないので、誰にも話さずにいたそうだ。

それから、十日ほど経った頃。

かの広場に駐車している白い車が目撃された。その後、車は一週間にわたって放置されていたことから、警察が来て回収されることになった。さらに警官たちが付近を捜索してみると、広場から山へ通ずる木立の中で、首を吊った男性の遺体が発見された。

自殺とされてはいるが……。

同じ村の住人たちから、その話を聞いた香稀さんは身震いした。

(あたしを襲ってきた奴と、絶対に関係があるはずやわ!)

のちに彼女はほかの土地へ引っ越して、水呑峠を通ることは滅多になくなった。

だが、今年になって、仕事の都合でどうしても水呑峠を通らなければならないことが発生した。自殺があった広場の前を久しぶりに車で通ったところ、木々が伐採されて以前よりも広々としており、不気味さも感じられなくなっていたそうである。

芦屋ロックガーデン（兵庫県、六甲山《ろっこうさん》）

二〇一七年、暮れのできごとである。神奈川県横浜市で介護福祉士として働きながら、占い師としても活動している女性、藍上王歌《あいうえおうか》さん（以下、王歌さんと記す）は、三日間の連休が取れたことから、久々に故郷の兵庫県芦屋市へ里帰りをした。休みの二日目に、地元の山である六甲山に単独で登ることにしたという。

六甲山とは、神戸市、芦屋市、西宮市、宝塚市の四市に跨る六甲山系全域を呼ぶことが多く、最高峰は標高九三一メートル。神戸市街地や芦屋市街地、有馬温泉などに近いことから、一年を通して非常に多くの登山者や観光客が訪れる。〈瀬戸内海国立公園〉に指定されており、夜景の名所としても名高い。

六甲山には数多くの登山コースがあるのだが、王歌さんは、日本の〈ロッククライミング発祥の地〉として有名な〈芦屋ロックガーデン〉と呼ばれるコースを選んだ。しかし、早朝から出かける予定だったのに野暮用が入って、出発が遅くなってしまった。

（でも、登山ができるのは今日しかないから、行ける所まで行ってみよう）

王歌さんは、自称〈万年初級の登山愛好家〉とのことだが、装備は本格的な用具をそろえている。登山靴を履き、ヘルメットを被って、ロープや防寒シートに使い捨てカイロ、水と食料を収めたリュックを背負い、トレッキングポールを手にして出発した。

当初は十代の頃に何度も登った、中学校の近くから山に入るコースを目指したのだが、その登山道は閉鎖されていた。そこで住宅街の道を通って、登山口となる〈高座の滝〉まで行き、茶店で食事と休憩をしていると、正午を過ぎてしまった。

（今日は、この辺を少し歩いて引き返したほうがいい。山頂を目指すのはやめよう）

一度はそう考えたものの、ひっきりなしに訪れる登山者を眺めているうちに、

（せめて途中の、風吹岩《かぜふきいわ》まで行ってみようか。あそこなら、子供の頃に何度も登ったことがあるから、問題なく行けるはずだわ）

王歌さんは風景を撮影しながら、緩々《ゆるゆる》と登っていった。

六甲山には、ニホンイノシシが数多く生息している。餌づけした者がいたことが原因で、人を恐れなくなった猪たちは、人懐こい個体もいるが、登山者を襲う個体もいる。麓の町に下りた雄の猪が、飼い犬を牙で刺殺した事件もあった。そのため、王歌さんは時々、後ろを振り返って用心していた。

険しい岩場を進んで、風吹岩に到着する。

そこで少し休んでいると、奇妙なことが発生した。まだ昼下がりだったはずなのに、空

が急速に薄暗くなってきたのである。ほかの登山者から「お疲れ様！　気をつけてねぇ！」と声をかけられる。先に来ていた登山者たちが次々に下山してゆき、王歌さんのほかには誰もいなくなった。十二月の短日が、西の空に沈もうとしている。腕時計を見ると、午後四時を過ぎたところであった。

（どういうこと？）

王歌さんは唖然とした。いつの間にか、数時間が消滅した、としか思えない。それに、

（真っ暗になったら大変だ。急がないと！）

王歌さんは、ここで重大な失敗に気づいた。装備は万全のはずだったが、夕方になる前に下山する計画だったので、ヘッドランプや懐中電灯を持参していなかったのである。

急いで下山を始めたものの、道をまちがえて、常緑樹が茂った岩場の谷へ迷い込んでしまった。王歌さんは元来、極度の方向音痴なのだという。

（ここは、来るときには通らなかった気がする……。道をまちがえたのかな？）

薄々そう感じながらも、登山道まで引き返すのは億劫《おっくう》に思えた。夕闇が濃くなってきている。これ以上、無駄な時間を費やしたくはなかった。

（この谷を下っても、麓まで行けそうだよね。登山道に合流できるかもしれないし……）

とはいえ、読みが外れれば、遭難しかねない。

（やっぱり、無理しないで引き返そうか……）

どちらを選択するか、立ち止まって悩んでいたところへ――。

頭上から足音が聞こえてきた。王歌さんがそちらを見ると、三メートルほど小高くなった岩場の上に道が通っているらしく、登山者の姿が目に飛び込んできた。

二十代前半くらいの青年が、麓のほうから軽快な足取りで登ってくる。

中背で痩せ型の青年は、無帽で、トレッキングポールは持っていなかった。風吹岩か、あるいは遙か先にある山頂を目指しているのだろうか。彼の姿を見た瞬間、王歌さんは、

（ここを下るのはやめよう。あの人が歩いてくる道まで戻ったほうがいい）

ふと、そう思い直して、来た道を引き返し始めた。

青年とは、岩場の上と下を平行して移動する形になる。次第に青年の姿が近くに見えてきた。顔立ちまでは確認できなかったが、髪は黒く、短めで、紺色と思われる薄手のジャンパーを着て、ジーンズを穿いている。デイパック（小型のリュック）を背負い、登山靴ではなく、スニーカーを履いていた。大学生の通学姿を思わせる出で立ちであった。

（冬のこんな時間に、あんな軽装で？　ド素人が山頂まで行くつもりなら、危険ねえ）

王歌さんは気になったが、青年はこちらを見ることもなく、足早に通過していったので、声をかけそびれた。王歌さんは、青年の後ろ姿を見送りながら、登山道まで戻った。

と、そのときである。

ブウッ、ブウッ！　ブウッ、ブウッ！

豚の鳴き声が聞こえてきた。

（猪が近くにいる！）

豚は、人間が猪を家畜化させた動物なので、両者は同じ鳴き声を発するのだ。

案の定、登山道に大きな猪が現れた。そして何か気に入らないことがあったのか、登山道を進む青年に向かって駆け出した。

「危ないっ！」

王歌さんは咄嗟に叫んでいた。

猪が突進して、青年に体当たりを食らわせる――。

ところが、次の瞬間、青年の姿が消え失せた。体当たりが空を切った猪は、勢いを抑えることができず、登山道から飛び出して、谷底へと転落していった。

猪の悲鳴が、甲高く響く。王歌さんは岩場から転落せんばかりに驚いた。辺りが静かになったので、近くへ行ってみたが、青年の姿はどこにも見当たらない。谷を見下ろしてみたものの、暗くて猪の生死は確認できなかった。

（あの人、生きた人間じゃなかったのか！）

王歌さんは衝撃を受けた。彼女は生まれつき怪異と遭遇する機会が多く、見慣れているのだが、このときばかりは総身に寒気が走り、鳥肌が立つのを自覚したそうである。

しかも、まもなく辺り一帯が真っ暗になってしまった。そこで、スマートフォンにライトの機能が付いていることを思い出して点灯させる。

落ちれば危険な岩場や鎖場も数ヶ所ある下山コースだけに、スマートフォンの小さな灯りだけでは不便で、不安もあったが、じきに運良く夜空に月が昇った。夜道が薄明るくなったおかげで、どうにか下山することができた。それでも一度、岩場から転げ落ちて、手足にかすり傷を負ったという。

なお、のちに地図で確認したところ、あの常緑樹が茂った岩場の谷は、麓まで下山するのは困難で、登山道にも繋がってはいなかった。危うく遭難するところであった。

それから数日後。

六甲山を神戸側から登るコースで、男子大学生が崖から滑落し、死亡する事故が発生した。横浜へ戻ってから、ニュースでそのことを知った王歌さんは、

(私も危なかった。助かったのは、きっと、あの人が出てきてくれたおかげだね……)

かの青年が何者なのかはわからなかったが、心から感謝したそうだ。

山神様の日（福岡県）

福岡県北部の里山で、昭和二十年から三十年の間に起きたできごとだという。

情報提供者のKさんは、この話を子供の頃に祖母（故人）から聞いたそうだ。

祖母が若かった頃、自宅の近所にXさんという夫妻が営む小さな商店があった。いわゆる万屋《よろずや》で、日用品を何でも商《あきな》っていた。Xさん夫妻は当時三十代で、とても仲が良く、町の人々からも好かれていたらしい。夫のXさんは、よく近くの山へ行き、柴を刈ってきては、薪として店頭で販売していた。

冬の昼過ぎのこと。

Kさんの祖母がその店へ買い物に行くと、Xさんは不在で、奥さんが眉を曇らせていた。

「うちの旦那がねぇ……」

奥さんはこんな話をした。

この日、Xさんは、早朝から山へ柴刈りに行こうと身支度をしていた。

一方、奥さんは、何気なく壁に掛けてある暦に目をやって、狼狽《ろうばい》した。

「今日は山神様の日や！　山に入ったらいけん《駄目》よ《よ》！　神様に怒られるよ！」

「大丈夫。そんなんは迷信や」

と、Xさんは朗らかに笑って、山へ出かけてしまった。

目的地は通い慣れた低い山で、登山道も整備されている。だが、Xさんはいつもなら午前中に帰ってくるのに、この日は昼を過ぎても帰ってこないのだという。

「それは、何もなければええけどねぇ」

Kさんの祖母も、些か心配になってきた。しばらく奥さんに付き合って立ち話をしていたが、Xさんは一向に姿を見せない。祖母は家事があるので、Xさんの無事を願いながらも、買い物を済ませると、奥さんに謝って自宅へ引き揚げた。

ところが、Xさんは夕方になっても戻ってこなかった。いよいよ心配になった奥さんは、歩いて登山口まで様子を見に行ったが、山を下りてくる者の姿はなかった。この日は〈山神様の日〉なので、何人も山に入ることはできないのである。奥さんは小学生の子供たちと不安な一夜を過ごし、一睡もせずにXさんの帰宅を待ち続けた。しかし、朝になってもXさんは帰らず、奥さんは半泣きで警察に届け出た。

山の麓の静かな町が、大騒ぎになった。捜索隊が組織され、大勢で手分けをして、山の中を隈なく捜《さが》したものの、Xさんを発見することはできなかった。

情報提供者のKさんによれば、この山は今も昔も地元の人々が気軽に登れる里山で、登山道の周辺にはとくに危険な場所はなく、幼稚園や小学校の遠足も行われているという。

何者かに拉致された疑いもあったが、本来は人が山に入らない日のことであり、Xさんの所持品や争った痕跡などは一切発見できなかったことから、〈神隠し事件〉として、新聞にも載ったそうである。よくある話で、中には心ないことを言う者も存在した。

「山神様に攫《さら》われたと見せかけて、ほかの女と駆け落ちでもしたんやろ」

というのだ。

けれども、Xさんに情婦がいたとされる証拠はなかった。

大がかりな捜索が打ち切られたあとも、奥さんや親族、町の人々による地道な捜索は続けられた。

そしてXさんの失踪から、一年ほどが過ぎた頃。

親族の男性が、登山道から少し外れた木立の中に、一本の奇妙なタブノキを発見した。

それは若木らしくて、幹の直径が太い部分でも二十センチほどしかなかったが、幹に大きな楕円形の瘤《こぶ》ができていた。それが人の顔に見えるのだ。しかも、目が細くて鼻の高い顔立ちが、Xさんとよく似ていた。

「これ、Xやないん！」

――〈山神様の日〉は山の神が、山に生えている木の数を数える日だから、入山してはならない。入山した者は一本の木として数えられ、大怪我をするか、最悪の場合は身体を木に変えられてしまうのである。

「やっぱり、昔から入ったらいけんといわれる日には、山に入るもんやないよ」

Kさんの祖母は、そう言って話を結んだ。

例のタブノキがその後、どうなったのかは、祖母も知らないという。

ところで、山の神の信仰や伝承は、日本各地に伝わっており、山に入ることを禁忌とする〈山の神の日〉は地域によって異なる。私は〈神隠し事件〉が起きた〈山神様の日〉が何月何日だったのか、Kさんに訊ねてみた。しかし、Kさんによると、祖母から聞きそびれたか、あるいは、昔聞いた話なので覚えていない、とのことであった。

そこで私はツイッターを使って、福岡県北部における〈山神様の日〉が何月何日なのか、情報提供を呼びかけてみた。その結果、福岡県在住や出身のフォロワーの皆様から、十二月二十四日か、もしくは一月二十四日であろう、との情報が複数寄せられた。

なお、山に入ることが禁忌とされる理由については、山の神が木を数える日である、とする伝承が一般的だが、福岡県北部地域には〈山の神の洗濯日〉として、山の神が身体を洗う日だとする伝承もあるそうだ。そして山の神は大抵、女神とされているので、裸体を見られることを嫌い、見た者がいれば、生命を奪ってしまうのだという。

参考文献
『福岡県史　民俗資料編　ムラの生活（上）』編纂　財団法人西日本文化協会　発行　福岡県
『宗像市史　通史　第四巻　美術と建築 民俗』編集　宗像市史編纂委員会　発行　宗像市
『甘木市史　下巻』発行・編集　甘木市史編さん委員会
『飯塚市史　下巻』編集　飯塚市史編さん委員会　発行　飯塚市

（注）……本編は『怪談 You Tuber　ルルナル』さんのチャンネルで配信後、情報提供者のKさんと、ルルナルさんより許可を得て、オリジナル作品化したものである。

夜の魚突き漁

（宮崎県東臼杵郡《ひがしうすきぐん》椎葉村《しいばそん》）

宮崎県東臼杵郡椎葉村は、標高一〇〇〇メートルから一七〇〇メートル余りの山に囲まれた自然が豊かな地域で、村の奥地を流れる渓流には、ヤマメが数多く生息している。夏の夜、熊本県球磨郡《くまぐん》多良木町《たらぎまち》に住む四十代の男性Ａさん、Ｂさん、Ｃさんの三人は、そこへ魚突き漁に出かけた。

三人は胸まである胴長靴を着用し、ヘッドランプや懐中電灯を点けて川に入った。夜の間、ヤマメは眠っているので、灯りを向けてもすぐには逃げない。そこをヤスで突くのである。三人は次々にヤマメを捕獲していった。中でもＡさんは、三十センチを超えるヤマメを三尾《さんび》も突くことができた。

川に入ってから、二時間ほど経って――。

「よかしこ捕れたばい《だいぶ捕れたな》。もう宿に戻らんばんかにゃ《そろそろ宿に帰らないか》」

「そぎゃんな《そうだな》。あんまい捕れば《あまり捕りすぎても》、おらんごとなってな《いなくなっちまうからな》」

ＢさんとＣさんは、上機嫌で川から揚がった。

ところが、Ａさんの姿がない。

「Aは、どけ行ったかにゃ《どこへ行ったんだ》？」

「まぁだ《もっと》、上流に行ったっじゃなかろね《上流まで行ったんじゃないか》？」

二人はAさんを捜して川を遡っていった。

すると、川から少し離れた森の中に灯りが見える。

「おったおった《いたいた》！」

「おうい！」

二人は呼びかけながら近づこうとしたのだが、Aさんの様子がおかしい。二人の声が聞こえていないようで、呼びかけに応《こた》えず、離れてゆくのである。それも、川へ向かうのではなく、藪を漕いで森の奥へと移動していた。

「おいおい！　どけ行くとや《どこへ行くんだ》？」

「危なか《い》ぞう！」

Aさんは弧を描くように森の中を歩いて、元いた場所へ戻ってゆく。BさんとCさんが慌てて跡を追うと、Aさんは再び同じ道筋を進み始めた。

「あいは《あいつ》、なんばしよっとかな《何をやってるんだ》？」

「変かばい《変だよな》。どぎゃんかしたとかにゃ《どうしたんだろう》？」

Aさんは同じ場所を何周も巡っているらしい。BさんとCさんは、Aさんに追いつこうと急いだが、下草や灌木の枝葉が邪魔になる上、Aさんの足がやけに速くて、なかなか追いつくことができなかった。

「A！　こっちたい《こっちだあ》！」

「A！　止まらんかあ！」

歩きながら大声で何度も呼びかけるうちに、ようやくAさんは我に返ったようで、立ち止まった。BさんとCさんは急いで追いつくと、何があったのか、Aさんに訊ねた。

「あぁいた……。良かったばい……。助かったあ……」

Aさんは目を見開き、大きく溜め息を吐いてから、こんな話をした。


彼は川の中を歩いて遡るうちに、大きな淵に辿り着いた。そこは深くて危険な場所だったので、一旦、岸に上がって淵を迂回し、上流の浅瀬を目指そうとした。

だが、川岸に生えている木の上から、ホウッ！　という鳴き声が聞こえたかと思うと、ヘッドランプの光芒《こうぼう》の先に、ニホンザルの姿が浮かび上がった。

ホウッ！　ホウッ！　ホウッ！　ホウッ！

前からも後ろからも鳴き声が聞こえて、木の上から猿が次々に地上へ降りてくる。その数、二十頭はいたろうか。Aさんはいつの間にか、猿の群れに取り囲まれていたのである。

（いかんばい……。嫌な奴らに遭《お》うてしもうた）

Ａさんは以前、渓流釣りに行ったときに、群れのボスと思われる大きな雄猿にいきなり飛びかかられ、腕を引っ掻かれたことがある。凶暴な猿で、Ａさんがびっくりして逃げ出すと、追いかけてきた。大きめの石を投げつけたり、大声を出したりして威嚇し、何とか追い払ったのだが、それ以来、猿が大の苦手なのだという。

ホウッ！　ホウッ！　ホウッ！　ホウッ！　ホウッ！　ホウッ！　ホウッ！

猿たちは互いに叫び合っていた。Ａさんに対しては、ホオウッ!!　と叫びながら威嚇してくる。しかも、Ａさんの心中を察しているのか、面白がっているらしい。

「ウオウッ！」とＡさんも必死に大声で叫び返した。逆に威嚇したつもりであった。

しかし、猿たちはＡさんを小馬鹿にするように、一斉に叫び返してきた。

「くっ……。こん畜生め！」

身の危険を感じたＡさんは石を拾って、先頭にいる猿に向かって投げつけたが、猿は石を躱《かわ》すと、ほかの石を拾って投げ返してきた。それがＡさんの足に当たった。焦ったＡさんは、何とか猿の群れから逃れようと、持っていたヤスを四方に向かって、滅茶苦茶に振り回した。

効果があったのか、猿たちが一旦、後退したので、Ａさんは下流の方角へと逃げ始めた。

Bさんと Cさんがいる場所まで逃げたかったのだが、一頭の大きな猿に行く手を塞がれた。そこで苦し紛れに森の中へ逃げ込み、ずっと藪漕ぎをして逃げ回っていた。猿たちは追いかけてきたが、二人の声が聞こえると、森の中へ去っていったという。

「おかしかて《変だな》。〈あんちゃん《猿》〉のごたっとは《なんか》、おらんかったばい《いなかったぞ》。鳴き声も聞こえんかっ《なかっ》たちゃって《たし》で………」

Bさんが首を傾げると、Cさんも頷いた。

「おい《俺》も、〈あんちゃん〉は見とらんし、声も聞こえんかったばい」

彼らは、ニホンザルのことを〈あんちゃん〉と呼ぶ。山に入る者の間では、猿は神の遣いと考えられ、名前を呼ぶと大怪我をするとか、あるいは獲物が〈去る〉との理由などから、〈サル〉と呼ぶことを禁忌としているのだ。

結局、Aさんは山に棲む物の怪に化かされたのであろう、という話になった。

そのあと三人は宿へ帰ったのだが、Aさんはひどく憔悴《しょうすい》しており、熱を出して丸二日、寝込んでしまったそうである。

参考資料　椎葉村ホームページ　https://www.vill.shiiba.miyazaki.jp/

名勝史跡のクマバチ（山形県、山寺）

閑《しず》さや岩にしみ入る蝉の声　　松尾芭蕉

山形県の山寺は、松尾芭蕉が句を詠んだ場所として有名である。実名は宝珠山立石寺《ほうじゅさんりっしゃくじ》という天台宗の寺で、貞観二年（西暦八六〇年）に開かれたという。

六月の晴れた朝のこと。ハローさん（年齢性別非公開）は、山形県山形市にあるこの名勝史跡へ、一人で観光に訪れた。

山寺は、数多くの建築物が宝珠山の斜面に築かれている。ハローさんは登山口から徒歩で進み、山門を潜《くぐ》った。そこから長い石段の参道が続いている。

唐突に誦経《ずきょう》する男の声が、間近から聞こえてきた。

（おや？　お坊さんが、お経を唱えているのかな？）

明らかに経文を唱えており、一人ではなく、二人の声がしている。

ハローさんは、若い修行僧二人が誦経しながら、山を登る光景を脳裏に思い浮かべた。

だが、このとき石段には、ほかに誰もいなかった。その両側には杉の木立が広がっている。ハローさんが不可思議に思いながら石段を登ってゆくと、木々の間から羽音がして、一頭の蜂が現れた。黒くて大きな、丸々と太った蜂である。ゆっくりと、ハローさんの目の前まで飛んできた。よく見れば、胸だけが黄色い。クマバチであろう。

ハローさんは蜂が苦手ではないし、クマバチはスズメバチなどとは違って、花の蜜や花粉を食べる、無害でおとなしい蜂であることも知っていた。かまわずに石段を登り続けると、クマバチも道案内をするかのように、緩々と前を飛んでゆく。

その間も、二人の男の声による誦経は続いていた。蜂の羽音も聞こえるが、それとは別に、人間の声がしていたという。

石段の参道には、姥堂、四寸道、せみ塚、弥陀洞などが続く。参道のほぼ中間に当たる仁王門まで来ると、クマバチは急に速度を上げて、山の上のほうへ飛び去っていった。

同時に誦経の声がやんだ。参道が静まり返る――。

クマバチが、二人分の経を唱えていたとしか思えない状況であった。

(やっぱり、山寺は神秘的な場所だなぁ！　虫までお経を唱えるなんて！)

ハローさんは甚《いた》く感心しながら、その後も参詣と観光を楽しんだ。

参考資料　宝珠山立石寺　https://www.rissyakuji.jp/

ウリャオウ　――山は嫌いだ――　（宮城県）

宮城県在住で二十代後半の男性Mさんが、中学生だった頃のできごとである。彼が住む町には、地元の人々に愛され、信仰の対象にもなっている低い山がある。Mさんが通う中学校は、年に一度、その山に登って今後の目標や決意を固める、〈志の日〉と呼ばれる行事があった。Mさんもそれに参加することになったのだが、身体が弱くて体力がなかったため、登山が苦手で、大嫌いだったそうである。

当日は、朝から霧雨が降っていた。

（中止になれ、なれ！　なってくれ！）

と、強く願ったが、雨天決行で、憂鬱になったという。

雨合羽を着て、ゴム長靴を履き、視界の悪い山道を登り始める。アスファルトで舗装された道路から、未舗装の散策路に入ると、雨脚が急に強くなった。道はぬかるんで歩き難いし、長靴が泥まみれになってゆく。周りに広がる杉林は薄暗くて、何とも鬱陶《うっとう》しい。Mさんは、前を行く引率の男性教師の背中を見ながら、心の中で、

（こんなことをやって、何の意味があるっていうんだ？　馬鹿馬鹿しい！　風邪を引いた

ら、あんたらのせいだぞ！　山なんか大嫌いだ！）

と、悪態を吐き続けていた。

カーブがあって、左手は山、右手は谷になっている場所まで来たときのこと。

不意に谷のほうから、強い力で右足を掴まれた。ガードレールがない場所である。

（わっ！　何だっ？）

驚いて足元を見下ろした瞬間、Mさんはどうしたものか、十メートルほど下の谷底へ転げ落ちていたという。


気がつくと、Mさんは杉林の中に倒れていた。

（うう……。早く、みんなの所に、戻らなくちゃあ……）

Mさんは立ち上がろうとして上体を起こしたが、足がまったく動かなかった。足首に激痛が走る。どうやら挫いたようだ。自力で急な斜面を登ることは難しい。教師を呼んで、助けてもらうしかない、と判断した。

「おうい！　助けて下さぁい！　おうい！　助けて下さぁい！」

大声で助けを呼び続けると、木々の向こうから足音が近づいてきた。

姿を現したのは教師ではなく、見知らぬ四十がらみの男であった。髪を剃り上げた坊主頭で、白いランニングシャツを着て、白いブリーフを穿いている。雨天の肌寒い山の中だというのに、ほかには何も身に着けていなかった。

(わわ、わ……。変質者か？　あんなおしょいかっこ《恥ずかしい格好》して)

男はぶよぶよと太っていて、腹が突き出していた。中背だが、体重は百キロを優に超えているだろう。七、八メートル離れた場所で立ち止まると、Mさんを指差した。そして笑《え》み崩《くず》しつつ、

「馬鹿！　馬鹿！　馬鹿！　馬鹿！　馬鹿！　馬鹿！　馬鹿！　馬鹿！　馬鹿！」

と、野太い声で連呼を始めた。

Mさんが呆気に取られていると、じきに男は連呼に合わせて手拍子まで始めた。手を叩く度に、太鼓腹が醜く揺れる。

(何なんだ、このおっさんは？　失礼な！　おだづなよ《ふざけるなよ》！)

Mさんは憤慨して、男に文句を言おうとしたが、なぜか声が出なくなっていた。

(むう。どうしたんだろう……？)

男が連呼と手拍子をやめて、笑顔から真顔になった。

「ウリャオウ！」

と、意味がわからないかけ声を発する。

「ウリャオウ！　リャッ、リャッ、リャッ！」

そこまで叫ぶと、こちらに向かって走ってきた。身動きができずにいたMさんは、なす術《すべ》もなく、両腕を凄まじい力で握られた。

（いかん！　殺される！）

そのまま物凄い力で投げ飛ばされてしまう――。

Mさんの身体は高々と宙を舞った。同時に視界がモノクロになり、テレビの画面に起こる〈砂の嵐〉に似た光景が見えてきたという。

我に返ると、散策路の端に長々と伸びていた。教師やほかの生徒たちが、こちらを見下ろしている。Mさんは、いつしか谷底から散策路に戻っていたのである。

「大丈夫かっ？」

「何があったんだっ？」

と、皆が口々に驚きの声を上げている。

Mさんは、変質者の男と遭遇し、放り投げられたことを説明したが、教師は首を傾げた。

「いや、そんな大声や手拍子なら、ここまで聞こえてくるはずだけど、聞こえなかったぞ。第一、谷底からおまえを放り投げるなんて、できるわけがないだろう」

「あのね、急にM君の姿が消えた、と思ったら、何秒かして、ここに倒れていたのよ！」

学級委員の少女が、Mさんに状況を説明した。

Mさんは両腕に痛みを感じていた。雨合羽と運動着の袖を捲って、手首の上辺りを見ると、あの男に掴まれた痕が、赤黒い痣《あざ》となって残っていた。指の形をしている。それを教師や生徒たちに見せたところ、教師は黙り込んでしまい、誰もが目を丸くしていた。

Mさんは後頭部と雨合羽の背面が泥だらけになってしまったが、ほかに怪我はしていなかった。挫いたはずの足首も、不思議と痛みはなかったので、皆と一緒に登山を続けた。

山頂で今後の目標を考えて下山すると、腕の痣はすべて消えていたという。

Mさんは、より多くの人に証拠として痣を見せたかったので、少し残念な気がしたそうだ。あの男は山に棲む神の類いなのか、悪霊なのか、正体はわからなかったが、ただ一つ、確実に思ったことがある。

「やっぱり、山は嫌いだ」

悪臭山

宮城県在住の男性Jさんが通っていた中学校では、二年生になると林間学校で東北地方某県のZ岳という山に登ることになっていた。

初夏の当日は、小糠雨《こぬかあめ》が降っていた。大した雨量ではなかったので、登山は決行された。

Jさんが雨合羽を着て、登山道を歩いていると、これまでに嗅いだことがないほどの悪臭が漂ってきた。堪らず鼻を押さえたという。

(夏場の生ゴミに、ドブの臭いや、何かの臭いを混ぜて、もっと強烈にした感じ……)

であった。

辺りを見回してみても、臭いの元となるようなものは見当たらない。

級友たちにそのことを伝えたが、

「そんな臭い、するか？」

「俺には全然、わからないぞ」

と、口をそろえて否定された。

(登山道沿いの森の中に、誰かが捨てたゴミでもあるのかもしれない)

そう考えて、気にしないようにしたが、しばらく進んでも悪臭は残っていた。山頂が近づくと、臭いはしなくなった。むしろ、名も知らない草が白い花を咲かせていて、良い香りを放っている。

（ああ……。これはいいな！　助かった！）

Jさんは深呼吸をして、花の香りと澄んだ空気を吸い込んだ。

下山時に同じ場所を通るのが嫌だったが、今度は雨に湿った草木や土の匂いがするだけだったという。

（あれ、何だったのかなぁ……？）

Jさんは不思議に思いながら歩き続けた。

山の麓に宿泊施設があり、そこに全生徒が泊まることになっている。夜は男子と女子に別れて、それぞれ大部屋で眠るのだ。

その夜遅く、Jさんは登山で疲れていたはずなのに、ふと目が覚めてしまった。尿意を覚えたわけではなかった。猛烈な悪臭が漂っている。昼間に登山道で嗅いだものと、まったく同じ臭いであった。

大部屋の出入口のほうから、ずる、ずる、ずる……と物音が聞こえてくる。

（何かいる！）

Jさんは上体を起こして、そちらに目をやった。

すると——。

木の切り株に似た形をした影があった。大きなものだ。高さは一メートルほどだが、横幅と奥行は畳二畳分ほどあるだろう。室内は暗かったものの、Jさんが目を凝らすと、影の実体が見えてきた。

それは熊や鹿、狐や狸、テンやノウサギ、鴉やキジ、アオダイショウやマムシなど、さまざまな野生動物の死骸からなる塊であった。首や四肢が切断されていたり、肉と毛皮が別々になっていたりするので、死んでいることは明らかだ。けれども、ずる、ずる、ずる、ずる……と音を発しながら、前後左右に蠢《うごめ》いている。

(腐った肉の臭い……。動物の死臭だったのか!)

どのような危害を加えられるのかはわからないが、Jさんは身の危険を感じた。助けを求めるべく、大声を発して級友たちに知らせよう、と思う。だが、あまりにも不快な臭いと恐怖のためか、なかなか声が出せなかった。

「あ、わ、わ……」

ほかの少年の声が聞こえたので、そちらを見れば、いつしか級友のC君とI君も布団から上体を起こしていた。黒い影を指差して、口を開閉させていたが、上手く声を発することができないようであった。

Jさんはそれを最後に、どういうわけか、眠ってしまったらしい。目を覚ますと、夜が明けていて、動物たちの死骸の塊も、悪臭も消えていた。

C君とI君も眠っていたが、じきに起床したので、昨夜のできごとについて、話しかけてみた。そこで意外なことが判明した。C君とI君は、部屋に現れたモノを確かに認めてはいたものの……。

「凄い人がいたんだよ！　今でも胸がドキドキしてる！」

と、C君は顔を紅潮させて、声を弾ませた。

有名なボクシングの世界チャンピオンが立っていたのだという。

「俺が見たのは、裸の女子《おなご》だった！　いきなりめんこかった《かなりかわいかった》わ！」

I君はにやりと笑いながら、身振り手振りを交えて説明した。

二十歳くらいの美しい女が、胸を突き出したり、腰を振ったりして挑発してきたそうだ。

つまり、三人とも異なるものを見ていたことになるのだが、C君とI君の口ぶりから、Jさんは嘘を吐いているようには思えなかった。ほかの級友たちは、ずっと眠っていたので、何も見ていなかったようである。

それから十六年が過ぎた。Jさんは中学校を卒業してからも、級友たちとの同窓会に参加していて、交流を続けている。ただし、

（俺は同窓生で一番冴えない人間になってしまったな……）

と、感じていた。高校を卒業してからは、就職と失業を数年ごとに繰り返しているし、これといった趣味や特技もなく、独身で彼女もいない。


C君は東京都内の大学へ進み、一流企業に就職した。会社員として働きながらプロボクサーとしてデビューし、一時は連戦連勝だったが、急に言動がおかしくなってきた。自宅のテレビを放り投げたり、交際していた女性を殴って警察沙汰になりかけたり、所属ジムの会長やトレーナーと口論を繰り広げたりした。それは当初、厳しい減量の影響や試合で受けた脳へのダメージが原因ではないか、と思われた。

そのため、所属ジムから休養を勧められたのだが、今度は勤務先の会社を無断欠勤するようになり、上司に叱られると、退職届を提出して行方を晦《くら》ましてしまった。住んでいたアパートも解約して、地元の友人四、五人にメールで事情を伝えてきた。

『だから、そっちへ帰ることにした。いずれ、Z岳で会おう』

メールはそこで終わっていた。それまでZ岳の話題は一度も出ていなかったのに、出し

抜けに『Z岳で会おう』と締め括られていたので、友人たちは怪訝に思ったという。

『どういうことだ?』

と、友人たちが訊ねても、C君からの返信はなかった。

C君はスマートフォンを手放して、それきり失踪してしまったのである。


I君は地元で美容師になり、若くして自分の店を持った。彼は美男である上に、高度なカット技術を身につけていて、話術も巧みだったので、女性客に人気があり、一時は羽振りが良かった。家を新築し、何人もの女性と交際したあと、結婚して子供も二人できた。

ところが、あるときから、猛烈な体臭を発するようになった。全身から腐った肉の臭いがする、というのだ。I君自身は毎日風呂に入り、衣服を替えていたので、原因がわからず、ひどく悩んでいたらしい。やがて彼も言動がおかしくなってきた。美容師としての技術が急激に衰え、無口になっていった。店の得意客は離れてゆき、多額の借金を抱えて、閉店を余儀なくされた。妻とは離婚している。I君もまた、一部の友人たちに、

『いずれ、Z岳で会おう』

と、謎のメールを送りつけ、スマートフォンを手放して、失踪したそうである。

もちろん、当人たちがここまで詳しく語ったわけではないが、Jさんはそれらのできごとを情報通の同窓生たちから聞いて、衝撃を受けた。

(俺よりも、ずっと成功している奴らだと思っていたのに……)

それから数日後の夜。

Jさんは自室のベッドに入り、電灯を消して、眠ろうとしていた。

と、そこへ——。

勃然《ぼつぜん》と、腐肉を思わせる悪臭が漂ってきた。

(まさか、ここに?)

暗い室内に、黒い影が浮かび上がった。

十六年前に見たものと同じ、野生動物の死骸の塊が現れたのだ。それは以前よりも大きくなっていた。高さ二メートル三十センチを超える天井まで達している。

暗闇に目が慣れてくると、どんな動物の死骸があるのか、判別できるようになってきた。

その中には、失踪中のC君とI君の生首が含まれていた。二つの生首は目を剥いて、こちらを睨んでいるかのようであった。

(うっ！　おまえたちはっ?)

Jさんは驚愕して、ベッドから跳ね起きた。枕元に置いてあったリモコンを操作して電灯を点ける。室内が明るくなると、死骸の塊はすぐに消滅した。

このときはそれだけで終わったものの、その後も仕事でストレスが溜まってくると、俄《にわか》にどこからか、同じ悪臭が漂ってくることがあるそうだ。あれ以来、死骸の塊が出現することはなく、C君とI君の生死も不明のままなのだが、

（このままじゃ、俺もあの二人と同じようになるのかもしれない）

そう思う時間が増えてきて、仕事に集中できない。実際、現在の勤務先での評判は悪くなる一方だという。

また、Z岳や麓の宿泊施設に何らかの謂《いわ》れがあるのか否か、調べてみたが、何もわからなかったそうである。

虫鬼《むしおに》（宮城県）

宮城県在住で三十代の男性Oさんは、小学四年生の頃、同級生のTと仲良くなった。夏休みに入る前日、Tが、

「俺ん家《ち》に遊びに来ないか」

と、誘ってきたという。

それまでOさんは、Tの家へ行ったことがなかった。そこで翌日、午前中から学校の前で待ち合わせをした。晴れた暑い日のことであった。二人とも自転車に乗って、隣町にあるTの家へ向かう。

町といっても、実際には山の麓にある農村の一角だったが、Tの家は新築の綺麗な洋風住宅であった。Tの部屋に入ると、当時人気があった漫画本が全巻そろっていたし、流行《はや》りのゲームも沢山あった。昼には若くて美しい母親が、カレーライスを作ってくれた。それも飛び切り美味い。

午後もゲームをしたり、漫画を読んだりして過ごすうちに、夕方が近づいてきた。暑さが幾分か和らいできた午後四時過ぎになって、Tがこう言い出した。

「裏山へ遊びに行かないか」

「カブト（ムシ）を捕りに行くのかい？」

「まあね！」

「俺、網も虫籠も持ってきてないよ」

「何もいらないよ！」

確かに、捕虫網がなくともカブトムシは捕れる。だが、虫籠は必要じゃないか？　とOさんは不可解に思いながらも、手ぶらで家を出てゆくTについていった。

二人は自転車に乗って、裏山の入口まで行った。山といっても、実際には名もない丘陵である。入口で自転車から降りて歩き出すと、バラス砕石が敷かれているが、所々で土が剥き出しになり、草が生え出た林道が、雑木林の奥へと続いていた。

「来いよ！」

Tが先に立って手招きをする。OさんはTのあとから、ヒグラシの鳴き声が響き渡る坂道を登っていった。

「ここには鬼が出るんだ」

いきなり、Tが笑いながら言う。

「鬼が？　まさか！」

Oさんも笑った。幾ら子供とはいえ、頭に牛の角を生やして、虎の毛皮の腰巻きを着けた赤鬼や青鬼が実在するとは、信じていなかった。それにTが笑っていたので、冗談だと思ったそうだ。

ところが、少し林道を進むうちに、Oさんは不意に後ろから肩を叩かれた。

(誰だ?)

Tは前方を歩いている。ほかには誰もいないものと思っていたので、Oさんはびくりとして振り返った。

誰もいない。

「おかしいな……」

Oさんが前を向いて、Tに伝えようとすると——。

Tから五メートルほど離れた坂の上に、子供が立っていた。身長は一四〇センチ弱くらいで、Oさんたちと同じ程度の背丈だったという。

黒いTシャツを着て、紺の半ズボンを穿き、痩せている。少年らしいが、人相はわからなかった。

その顔一面には、ゴキブリ、毛虫、イモムシ、ハエ、アブ、オオスズメバチ、ムカデ、ヤスデ、ゲジ、フナムシなど、一部の昆虫マニアを除けば、多くの人間に不快感や恐怖心を抱かせる昆虫や節足動物が、無数にびっしりとたかっていたからだ。両目だけが覗いていて、ぎらついた光を放っている。顔面と比べると、頭にたかっている虫の数は少なくて、もしゃもしゃの癖毛が目立っていた。

Oさんは、悲鳴を上げて立ち竦んでしまう。

しかし、Tはにたにたと笑って、

「ほら出た、鬼が」

と、告げた。

Oさんは震撼《しんかん》させられ、堪らず、その場から逃げ出していた。

奇妙な子供はもちろんのこと、Tの存在も不気味に思えてきたからだ。

山を駆け下りてくると、自転車に飛び乗って、全力で走り出した。Tの家には立ち寄らず、そのまま自宅まで一散に逃げ帰った。両親には何も言わずに黙っていることにした。

(喋ったら、鬼が家まで来るかもしれない)

そう思ったのだという。

さて、Oさんの自宅も山沿いの町にあるため、夏でも夜間は涼しくなる。その夜、彼は自室の窓を閉めて、ベッドに横たわった。眠ろうとして目を閉じると――。

コンコンコン！　コンコンコン！

窓ガラスが叩かれた。彼の部屋は二階にあるので、普段は窓ガラスを叩く者などいない。

(泥棒か……?)

気にはなったが、恐れと眠さが同時に押し寄せてきていた。窓のカーテンを捲って、外の様子を窺《うかが》う気力が湧いてこない。窓ガラスを叩く音は何度か繰り返されたものの、そのうちにやんだ。それで安心したのか、いつしかOさんは眠りこけていた。

朝になって、カーテンを捲ってみても、誰もいなかった。

(夢だったのかな?)

窓が叩かれたことを両親に話してみたが、両親は気づかなかったそうで、笑っていた。

「ノックして入ってくる泥棒なんて、いやしないだろう」

「夢でも見たんじゃないの」


Oさんは T がどうしているのか、ずっと気がかりだったが、会いたくはなかった。もっとも、夏休み中に登校日があり、学校へ行くと、Tもいた。ほかの児童もいるし、職員室には教師もいるので、大丈夫だろうと判断したOさんは、

「こないだ裏山にいた鬼って、本物なのかい?」

と、訊いてみた。

「鬼？　何のことだい？」

「T君の家に遊びに行ったときに、裏山で見た子供のことさ」

だが、Tは怪訝な顔をして、意外なことを口にした。

「知らないなぁ。それにO君は、まだ一度も家《うち》に遊びに来たことがないだろう」

Oさんは Tのことをより一層、不気味に感じたので、距離を置くようにしたという。

それから当分の間、深夜に窓が叩かれる現象が数日おきに発生した。一度、勇気を奮い起こしてカーテンを開けてみたが、誰もいなかったそうだ。その現象は十月まで続いて、以後はまったく起こらなくなった。

一方、同じ頃からTは攻撃的な性格になってゆき、評判が悪い上級生と一緒になって、同じクラスのY君という少年をいじめるようになった。教師の目が届かない場所へY君を呼び出して取り囲み、殴る蹴る、冬に水を引っ掛けるなどの暴力を振るっていたらしい。

それを知ったOさんは、Tが一人でいるときに問い質《ただ》してみたことがある。

「何でYをいじめるんだよ？　Yが何かやったのか？」

「何も。あいつのことが気に入らねえんだよ。頭がもしゃもしゃで、変に目立つからさ」

Y君は生まれつき、頭髪がパーマをかけたような癖毛だったのである。

「そんなことで？　それだけで毎日、殴ったり蹴ったりしてるのかい？」

「そうだよ！　おめえには関係ねえだろう！」

Oさんは見て見ぬふりをするわけにもいかず、担任の若い女性教師にいじめについて伝えた。女性教師から職員室に呼び出されたTは、こう答えたらしい。

「格闘技ごっこをしてるんです。周りをみんなで囲んでいただけで、一対一で戦っているんだから、いじめじゃありません」

「どっちにしても、危ないからやめなさい！」

教師が注意をすると、Tは「わかりました」と素直に謝ったそうだが……。

翌日の休み時間に、上級生たちが教室にやってきた。Oさんは T に廊下へ呼び出された。

「今度言いつけたら、おめえもYと同じ目に遭わせてやるからな！」

上級生のボスがそう言って、Oさんを睨みつけた。父親がヤクザだという少年であった。

Oさんは Y 君を救うことを心ならずも断念したが、Tとは絶交することに決めたという。


その後、OさんはA中学校へ、TとY君はB中学校へ進学した。住んでいた町が異なり、中学校からは別々の校区になったためである。それ以来、Oさんが彼らと会ったことは一度もない。ただし、Oさんが進学した高校には、B中学校の卒業生もいたことから、二人の様子を耳にする機会はよくあった。

Tは中学校へ進学してからもY君のことをいじめていたが、Y君は登校拒否をして、家に引き籠るようになり、二十歳前後の頃に突然、失踪した。未だに行方知れずらしい。

Tは高校卒業後、地元では有名な会社に就職した。実業家として成功していた父親の人脈の力だろう、と言われている。しかし、Tは入社から数年で恐喝事件を起こし、会社から解雇を言い渡された。

のちにTは、自宅の裏山で首吊り自殺を遂げている。

発見時には、全身にさまざまな虫がたかっていた、という。

やがてTの父親も事業で失敗し、母親と一緒に夜逃げをしたそうで、彼らの家は現在、空家となっている。


おまけに、それだけでは済まなかった。

三十代になったOさんは、つい先日、宮城県内の山の中にある温泉施設へ一人で出かけた。昼間から温泉を堪能して、夕方、帰る前に屋外の喫煙所で煙草を吸っていたときのことである。建物の前に駐車場があり、周りには森が広がっていた。その森の中から、落ち葉を踏む足音が聞こえてきた。

Oさんがそちらに目をやると、木々の間に二人の子供が立って、こちらを見つめていた。

どちらも十歳くらいか、頭髪がもしゃもしゃの癖毛であるところが共通している。

その一人は、何と、小学生だった頃のY君とそっくりであった。

そしてもう一人は、顔中に昆虫や節足動物がたかって蠢《うごめ》いていた。ゴキブリ、毛虫、イモムシ、ハエ、アブ、オオスズメバチ、ムカデ、ヤスデ、ゲジ、フナムシなどである。その間から、ぎらりと鋭く光る両目だけが覗いていた。

（あのときの子供……鬼、じゃないか！）

Oさんは駐《と》めてあった愛車へ駆け込むと、駐車場から逃げ出した。

無事に自宅まで帰り着いたが、ひどく気分が悪くなってきて、寝込んでしまう。コロナウイルスに感染していたわけではなかったものの、五日間も高熱が続いた。寝込んでいる間、ゴキブリをはじめとする虫や節足動物の大群に襲われる夢を何度も見たといい、

（あの鬼がまた現れるんじゃないか）

と、不安で堪らないそうである。

なぜ、Oさんが〈鬼〉に狙われるのかは、本人にも理由がわからない。そこでY君と連絡を取りたいと考えて、必死に捜しているのだが、消息は掴めていないという。

俺は呪いを信じない（福島県）

この話は、私の作品の愛読者であるWさんという方が、最近、知人を通じて出会った人物から取材し、私に提供して下さったものである。

三十代の男性Rさんは、数年前まで怪奇現象を徹底的に否定していた。殊《こと》に呪いや祟りについては「あるわけがない」と見下していたという。

Rさんが福島県内の大学に通っていた、二十歳の頃。所属していたサークルの企画で、大学の近くにある低い山へ肝試しに行くことになった。

（馬鹿馬鹿しい）

と、Rさんは気乗りがしなかったが、意中の女子学生であるH子さんがメンバーにいるので、参加することにした。

当日は、午後六時半に山の中にある駐車場に集合することになっていた。十二名のメンバー全員が集まったときには、日が暮れていた。懐中電灯を点けて、近くの遊歩道へ向かう。遊歩道の周りには雑木林が広がっていて、外灯もなく、真っ暗であった。

とはいえ、起伏のある遊歩道をしばらく歩き続けても、何も変わったことは起こらなかった。山といっても、道はそこそこ整備されているし、怖がらせるための〈お化け役〉がいるわけでもない。

(温《ぬる》い遊びだな……)

Rさんは内心、鼻で笑っていた。H子さんの近くを歩いて、盛んに話しかける。

だが、H子さんが矢庭《やにわ》に悲鳴を上げた。

「んっ？　どうしたっ？」

Rさんが訊ねると、H子さんが震えながら右の方向を指差す。

そちらに灯りを向けてみれば、杉の木が数本並んで生えていて、それらの幹に十体ほどの藁《わら》人形が五寸釘で打ちつけられていた。

一番大きな杉の根元には、小さな祠があった。三枚の平石を立てて壁とし、その上に屋根となる石を載せて、注連縄を張ってある。何を祀ったものかはわからない。

「これって、呪い人形じゃないの！」

女子たちが悲鳴を上げる。

「ここ、来ちゃいけない場所なんじゃない？　怖いよう！」

H子さんはすっかり怯えていた。

男子たちも、まさか呪い人形に遭遇するとは思っていなかったのだろう、困惑して唸る者や、黙り込む者ばかりであった。

「なあに！　こんなもの、大丈夫さ！　俺がやっつけてやる！」

Rさんは、良いところを見せる好機到来、と考えた。杉の木から藁人形を取り外そうとしたが、五寸釘が深く打ちつけられていて、素手ではなかなか引き抜けない。それでもRさんは腕力に任せて、五寸釘を幹に残したまま、藁人形だけを強引に引き剥がすと、地面に叩きつけ、何度も踏みつけた。

「俺は呪いなんか信じない！　そんなもの、あるわけがない！」

すべての藁人形を引き剥がして踏みつけたRさんは、祠にも目をつけた。

「ついでにこれもぶっ壊してやる！　どうせ、ろくなもんを祀っちゃいないんだろう！」

祠は石を組んだものだが、簡素な造りだったので、Rさんが力を込めて何度か蹴飛ばすうちに屋根が外れ、壁が倒れてしまった。

サークルの仲間たちは歓声を上げた。H子さんも大喜びで、拍手までしている。

一行はこれで引き揚げることになったが、

「R君、凄いね！」「かっこいい！」

と、Rさんは皆から持て囃《はや》された。誰もが恐れる禍々《まがまが》しい呪物を勇猛果敢に除去したことで、ヒーローとして扱われたのである。

Rさんは、H子さんとの仲が進展することを確信したという。

その夜はサークルの仲間たちと市街地へ出て、酒を飲んだ。女子たちはソフトドリンクしか飲まずに途中で帰っていったが、男子たちは夜中まで残っていたので、警察が飲酒運転の取り締まりを終える頃まで飲み明かす。明け方に解散して、車でアパートへ帰宅した。

ところが、Rさんが部屋のドアを開けると、薄暗い室内に二頭の獣がいた。

一頭は灰色、もう一頭は灰褐色の体毛に覆われていて、頭に短い角がある。

(山羊《ヤギ》か?)

Rさんは驚いて棒立ちになった。

体高は五十センチくらいか、子山羊に似た二頭の獣は鳴き声を発した。メエエ！　とは鳴かず、聞き覚えがない声であった。そして次の瞬間、姿を消してしまった。

(飲み過ぎたのかな……?)

Rさんは酒酔いの影響で幻覚を見たのだろう、と考えた。けれども、室内には獣の臭いが立ち込めていて、窓を開け放ったり、換気扇を回したりしても、なかなか消えない。消臭スプレーを買ってきて噴霧したが、数日は臭いが残っていた。

やがてRさんの身の回りで、奇妙なことを言い出す者たちが現れた。

まず、『大学の構内で、R君が全裸になっていた！』との噂が広まった。無論、まったく身に覚えのないことである。全裸のRさんが目撃されたという時間帯には、教室で講義を受けていたのだ。講師や学友も証言してくれたので、噂はじきに収まった。

次に、女子学生の一部が、『R君にいきなり後ろから抱きつかれて、胸を触られた』『R君に足を踏まれて、スカートを捲られた』などと、性的暴行を受けたとして騒いでいるという。ただし、被害者の名前は誰も知らない。

「そんな話は、根も葉もない噂話だよっ！」

と、Rさんは必死に弁明したが、今度はなかなか誤解が解けなかった。

とうとうH子さんまでが、渋い顔をして言った。

「ねえ。あの噂って、本当なの？」

「誰から聞いた？　噂を広めている奴を教えてくれよ！」

Rさんは、噂を広めていた学生数名を見つけ出した。その中には、親友だと思っていた同じサークルの男子学生もいた。ひどく落胆させられたが、怒りも倍増した。

「いいか！　言いたいことがあるなら、陰でこそこそやってないで、俺に直接、言ってこい！　それと、証拠を見せろ！　証拠がないなら、質《たち》の悪い嫌がらせとして、警察に相談する！　名誉毀損《めいよきそん》で訴訟を起こすことも考える！」

一人一人を捕まえて、そこまではっきり伝えると、ようやく事態は収拾した。だが、

「あいつ、喧嘩っ早くて、怖いよね」

と、周囲に人が寄りつかなくなってしまった。

そればかりか、高校時代以前からの友達やアルバイト先で仲良くなった知人とも、どういうわけか、些細なことで不仲になり、一方的に絶交を言い渡されてしまう。加えて、同じ頃に父方の祖父母と伯父が相次いで病没し、母方の従姉《いとこ》が事故死を遂げている。

その都度、葬儀などに出席するため、大学の講義を欠席し、サークル活動も休みがちになった。そこへ突如として、H子さんが大学を辞めてしまった。寝耳に水とはこのことで、メールを送ってみたが、返信はなく、何があったのか、理由はわからず仕舞いであった。

Rさんは大きな喪失感に襲われ、学業に励む意欲が薄れてきた。悪いことが続いて、不平不満も溜まっていた。

（ちくしょうめ……。こうなったら、憂さを晴らしに行こう！）

Rさんは、肝試しに行った山へ再び行くことにした。藁人形の残骸を完全に粉砕してやりたくなったのだという。

その日の講義が終わったあと、サークルの仲間である男女二名を連れてゆくことにした。それぞれ愛車に乗って、山の中にある駐車場で待ち合わせをする。前回訪れたときとは違

って、まだ明るい時間帯であった。三名がそろったところで、Rさんが先頭に立ち、記憶を頼りに遊歩道を歩いてゆくと、件の場所はすぐに見つかった。杉の木が並んで生えていて、幹に打ち込まれた五寸釘が残っている。

しかし、藁人形は誰かが片付けたのか、一体も見当たらなかった。祠の残骸もなくなっており、それが鎮座していたはずの場所には、小さな古い墓があった。文字が刻まれた石塔が、縦真っ二つに割れて片方が倒れている。

(何だ、これは？　この前に来たときは、こんなもの、なかったはずだ……)

Rさんは気味悪く思い始めた。

「藁人形もないし、帰ろうか」

と、振り返ってみると――。

仲間の男女はいつの間にか、どちらもいなくなっていた。立ち去る足音を聞いた覚えはない。スマートフォンで電話をかけてみたが、二名とも留守番電話になっていて、出なかった。駐車場へ戻ると、彼らの車はなくなっていたそうだ。

(逃げ足の速い奴らだな)

このときは、怖くなって先に帰ってしまったのだろう、と思っていた。けれども、二名とはそれきり大学で会うこともなく、現在まで連絡がつかないままになっているという。

その夜からRさんは、体調不良に悩まされるようになった。重い頭痛と、倦怠感に苦しめられ、病院で医師に診てもらっても、原因がわからない。月日が過ぎても快復せず、大学の講義に出席できなくなってしまった。

結局、必須科目の単位を取ることができずに留年が決定したため、大学を中退した。

東北地方の某県にある実家へ帰ると、体調が回復したので、現在はフリーターとして生活している。主にコンビニエンスストアや飲食店で働いてきたが、店長から「売り上げの金額が合わない」と身に覚えのない失敗を指摘されたり、誠意を込めて応対しているはずなのに、客たちから屡々《しばしば》、「態度が悪い」と苦情を寄せられたりする。

「あの店員、獣みたいな臭いがして、気持ち悪い」

と、言いがかりをつけられたこともあった。

おかげで同じ職場では長く働けない。もっとも、転職を繰り返す生き方に、おめおめと甘んじてきたわけではなかった。

（このままでは駄目だ。何とかしないと！）

Rさんは再起を図るべく、さまざまな努力と工夫を重ねてきた。本人曰く、でき得る最大限の力を注いできたのだという。だが、何をやっても上手くゆかない。

Rさんは、次第に心が荒《すさ》んでいった。

大学時代の仲間たちとは、退学以来、連絡を取っていなかったのだが、インターネットでフェイスブックを始めたところ、本名でアカウントを持ち、記事を書いている同級生が大勢いることがわかった。その中にH子さんもいたのである。

Rさんは、彼らが幸福そうな近況を書いている記事を目にすると、憎らしく思えてきたそうだ。しかし、どうしても気になって、毎日、フェイスブックを確認してしまう。

ある日、自室でベッドに横たわって、スマートフォンでH子さんのアカウントを見ると、『結婚しました！』との記事が写真つきで掲載されていた。ウエディングドレスを着たH子さんが、見知らぬ男と並んで満面に笑みを浮かべている。その姿を目にしたRさんは、

「別れろ！　不幸になっちまえ！」

と、我知らず大声を発していた。

そのとき、忽然と、室内に獣の臭いが漂ってきたという。

スマートフォンから視線を上げれば、いつしか部屋のドアの前に獣の姿があった。かつて福島県のアパートに現れた、山羊に似た獣が三頭いる。数が一頭増えているが、身体の大きさは変わっていないようであった。

三頭は、人間の女か子供が発するような甲高い声で、「クックックッ……」「カッカッカッ……」「ウッフッフッ……」と鳴くと、まもなく姿を消してしまった。

数日後、Rさんがフェイスブックを見ると、H子さんのアカウントが消えていた。

さらに後日、Rさんは何も知らない振りをして、久しぶりに大学時代の仲間の一人にメールを送った。

『そういえば、H子ちゃんはどうしてる？』

と、探りを入れてみたそうだ。

H子さんは新婚旅行中に夫と不仲になり、たちまち破局してしまったのだという。

Rさんは少しだけ、心が晴れた気がした。

それ以来、彼は幸せそうにしている人間を見ると、心の中で、

「不幸になれ！」

「病気になれ！」

「事故に遭え！」

「死んじまえ！」

などと、呪詛《じゅそ》の言葉を浴びせることが習慣になってしまった。

その一方で、自らの生活を改善しようと、資格を取ったり、正社員雇用の就職試験を受けたりして、努力を続けているが、一向に成果が上がらない。そして心が挫けそうになったときほど、つい、他人を呪ってしまう。

（俺は誰よりも頑張っている。だから、俺よりも幸せな奴らを呪う権利があるんだ）

今でも、その考え方に変わりはないという。


Rさんは二時間にわたって体験談を捲し立てた。部屋に現れた獣は、山羊に似ていると思っていたが、最近、地元の山地で初めてニホンカモシカの幼獣を目撃する機会があり、

「山羊よりも、カモシカの子供に似ていたと思います。見た目だけはかわいかったな」

とのことであった。

彼はWさんに対して、終始、笑顔で話していたものの、その目は笑っていなかった。不可解な発言も多く、肝試しに行った福島県の山については、Wさんが訊ねる前に、

「場所は明かせません。教えたら、横取りされそうだから」

一方的にそう言って、何を横取りされるのかは、教えてくれなかった。

「あなたは、ちゃんと話を聞いてくれる人で良かったです。助かりましたね」

と、語り終えたあとにも不可解な言葉を口にした。別れ際にRさんからの要望で、Wさんは握手を交わしたが、丸一日、右手が痺れていたそうである。

控え目なあとがき

今年の一月下旬に本書の企画が決まりました。私自身はクワガタムシやタマムシを中心とした虫捕りが趣味で、里山には頻繁に出かけますが、森林限界を超える高山地帯や針葉樹が多い山には、目当ての虫がいなかったり、少なかったりするので、まず登りません。

山怪談の第一人者である安曇潤平先生の作品は、かなり以前から愛読していました。しかし、純粋な登山を趣味としていない私が、同じテーマの怪談集を書くことになるとは、それまで想像したこともなかったし、当初は自信が持てませんでした。

実際に、上級者レベルの登山家が体験した話は、なかなか集まらなかったのですが、戸神重明ならではの山怪談を書けばいいんだ、と考えることにして、執筆に励んできました。今回ほど、ファンの皆様からの情報提供に救われたことはなかったように思います。応援や御協力をいただいたすべての皆様に、心より感謝し、厚く御礼を申し上げます。

それでは、魔多の鬼界に！

二〇二三年初夏　風の東国にて　　北関東の怪物　戸神重明

★読者アンケートのお願い

本書のご感想をお寄せください。アンケートをお寄せいただきました方から抽選で 10 名様に図書カードを差し上げます。

（締切：2023 年 7 月 31 日まで）

応募フォームはこちら

幽山鬼談

2023 年 7 月 6 日　初版第一刷発行

著者……………………………………………………………………戸神重明
カバーデザイン…………………………………………橋元浩明（sowhat.Inc）

発行人……………………………………………………………………後藤明信
発行所…………………………………………………………株式会社　竹書房
〒 102-0075　東京都千代田区三番町 8-1　三番町東急ビル 6F
email: info@takeshobo.co.jp
http://www.takeshobo.co.jp
印刷・製本…………………………………………………中央精版印刷株式会社